# ゴローちゃん DC 担当になる

### 確定拠出年金で
### 時間を味方につける資産形成

## 青山直子
*Aoyama Naoko*

きんざい

# は じ め に

本書のページを開いてくださってありがとうございます。

　本書は、若い方々に、将来の生活を支えるお金をつくることについて、ほんの少し、思いを持っていただきたくて書いたものです。
　確定拠出年金はその入り口ではないかと思います。すでに加入している方、これから加入される方に、確定拠出年金に加入することをきっかけにして、その目的である「遠い将来に穏やかで安心した生活を送るための資産を自分でつくっていく」ことに、興味を持っていただきたいと思って書きました。

　確定拠出年金については、企業型を導入している各企業や、関係する機関からの情報がたくさんあると思います。制度の詳しいことや各企業の状況はそちらに委ね、本書では、資産形成の方法である、積立とか分散とか、長期的に将来の資産をつくることについて、イメージを持っていただけるように努めました。

　本書はストーリー仕立てになっています。ストーリーの主人公（稲垣令子　通称"ゴローちゃん"）は、IT企業に勤める20代の女性です。楽しく仕事していたのに、突然の異動で確定拠出年金の担当になったところから物語が始まります。彼女は、「将来のことと言われても…」とか、「お金について考えようと言われても…」と戸惑います。彼女の心のつぶやきや疑問に共感しながら楽しんでいただけたら幸いです。

　本書を書くにあたり、ご指導、ご協力くださった方々に心から感謝申し上げます。

　そして、本書を手にとってくださったみなさまが、資産形成を背景に、穏やかで安心した生活を楽しまれることを願っております。

2021年3月　青山 直子

# 目　　　次

## 登 場 人 物

### 稲垣令子
（いながき・れいこ）
24歳

楽しそうということからIT業界に興味を持った。素直で屈託がなく飾らない性格。何事にも特別な向上心は持っていないが、納得できることは吸収していく。空気を読む力は低いが周囲に愛されやすい。人事部長がつけた呼び名はゴローちゃん。

### 香坂聡美
（こうさか・さとみ）
32歳

半年前、人事部人材開発課から人事部人事課に異動。努力の姿を見せず業務知識を身に付けている。周囲に迎合せず責任感が強い。他部署の社員にはやさしいが、後輩には厳しい。

### 松田啓一
（まつだ・けいいち）
56歳

30代半ばまでシステム部門にいたが、管理能力の高さ、ビジネス感覚の鋭さから経営企画部に異動し、数年前に人事部長となる。学生時代はスポーツ万能。懐深く、自己の内の葛藤を表にださずに清濁あわせのむ雰囲気。

**白鳥陽人**
（しらとり・はると）
**37歳**

システム営業部社員。2年前に同業他社から転職。雰囲気は軽いが、自分なりの価値観を持ち、自分が見たものを信じるタイプ。

**大原佳子**
（おおはら・よしこ）
**25歳**

ゴローちゃんの同期。大学で物理学を専攻していたが、IT企業に入社。容姿から柔和に見えるが、クールな思考力の持ち主で将来のことをシッカリ考えている。

運用会社の人
**石谷さん**

運営管理機関の人
**木下さん**

ゴローちゃん
DC
担当になる

プロローグ

なぜか私に異動辞令が出た！　営業部から人事部人事課へ…。

　IT企業に入社できて、営業部の配属になって、クライアント先との営業記録をまとめるのが私の仕事だった。いつか先輩たちと一緒に営業に出ることが楽しみだったのに、どうして私が人事部に異動なの？　悲しい…。

　営業部は、クライアントにシステムの提案したり、システム開発部とクライアントさんとのパイプ役になったりする部署。先輩たちの仕事を通して、クライアントの会社で働く人たちの仕事が便利になっていく様子を聞くのが楽しかった。その私の楽しみが奪われてしまった。

　念願のIT企業に入れたのに、人事部だなんてITに関係ない…涙が出そう。営業部の白鳥陽人先輩は、「稲垣さんなら人事部で活躍できるよ。エンジョイ！」って言ってくれた。でも、私は営業部でエンジョイしたかった…。


　人事部の松田部長は、採用の最終面接の時、いちばん端にいた。松田部長に「ゴローちゃん？」って聞かれて、つい「え？　私は男性ではありませんが…」と答えたら、面接官みんなに笑われた。5社目も落ちたと思ったから、採用通知のメールが届いた時はホッとした。

　人事部に初めてあいさつにいくと、松田部長から「稲垣さんだから"ゴロー"でいいよな」って言われた。「またそれ？」って、なんだか訳がわからなかった。部長は「香坂、ゴローのことを頼むな」と言うと会議に行ってしまった。香坂さんは、「部長の奥さまが好きなタレントさんなのよ。稲垣さんがかまわなければ、"ゴローちゃん"でいいかしら？　私たちも呼びやすくていいわ」って言う。検索すると、そのタレントさんは、私が好きな映画に出てたからいいことにした。

　香坂さんは、半年前に人材開発課からチーム替えされて、今の仕事を一人でしているらしい。人事部には数年前、別の部署から異動してきたという。同期のよっちゃんは、「香坂さんって、きれいでやさしいおねえさんって感じ」って言ってた。

　人事部のフロアは静か。営業とはずいぶんな違い…。席の周りは片付いたし、まずは人事部のフォルダにアクセスしてみよっと。人事部人事課のフォルダは…ん…漢字ばっかり…「懲戒処分」、次は「同盟罷業」…何て読むの？　IT企業なのに漢字ばっかり。ってゆーか、IT企業の仕事じゃない。あぁ〜。

「ゴローちゃん」

　隣の席の香坂さんがこちらを向いてる。

「はい」

　営業部と違って人事部には席のパーティションがないから、なんだか距離が近い。

「明日、これからの仕事のことを説明するわ。今日は、『DC通信』の今月分を社内ポータルにアップしてほしいの。それと、『社内報』の決裁手続きも」

　ディーシー？　DC？　Data Center？

「データセンターのDCですか？」

「違うわよ」

　違う…ん…あとはワシントンDC…？

「Defined Contributionよ」

　ディ…ファ…ディ？　コン…？

「確定拠出年金よ」

　カクテー？　キョ？　ネンキン？

「まだ不思議そうね」

「IT会社っぽくない響きだなぁって思いまして」

「もぉ。稲垣さんも加入してるはずよ」

　ん…聞いたことあるような、ないような…ない。ってゆーか香坂さん、私の呼び方が"稲垣さん"に戻ってる…。

「入社した時に全員加入したはずよ」

　入社した時？

「2階の会議室で説明会があったでしょ？」

　入社後の説明会っていくつもあったから覚えてない…。そのうちの一つだったのかなぁ。

「定期的にDCの通知が届くでしょ？」

「通知、ですか？」

「見てないの？　自分の残高気にしてないの？」

「はい。それほど」

　香坂さんはうなだれてる。

「その様子ではウチの通信や『社内報』も見たことないようね」

「はい、まあ」

「そう」

　低い声でつぶやいてから顔をあげる。

「ともかく、人事課の『確定拠出年金』のフォルダを開けると『DC通信』と『社内報』があって、その『準備中』フォルダの中にファイルがあるから、通信を社内ポータルにアップして『社内報』の方を決裁しておいて。どちらも大丈夫よね？」

「はい…」

　営業部では営業部通信を社内ポータルにアップする担当だったから、社内ポータルにアップすることはできる。だけど決裁は苦手…ん…社内決裁システムを検索してみようかな。

「それからね」

　香坂さんは、いったん自分のパソコンに向かってから、また私の方に顔を向ける。

「去年のDC通信と『社内報』のDCコーナーを全部読んでおいてね」

「去年の分、全部ですか？」

「そうよ」

「いつまでにですか？」

「明日よ」

…"やさしいおねえさん"っぽくない…営業部に戻りたい…。

　DC通信を社内ポータルにアップした。『社内報』の決裁は、人事部の決裁をいくつか探して参考にして、web決裁のマニュアルを見ながら入力して、部長までのweb決裁にかけた。

　急いで人事部の『社内報』を読まないと。人事部人事課の『確定拠出年金』のフォルダの中の『DC通信』っと。あ、そうだ。社内ポータルから探してみよう。パソコンから『社内ポータル』に入って…。探しながら頭の中を検索して、入社した時の説明会の光景を思い出してみる。

　一つヒットする光景がある。あれは、確か入社して2週間くらいの時だったかなぁ。2年前のこと。新入社員全員が会議室に集められた。あの時は、"人事部からの説明会"としか思ってなかった。あれは人事課が開いたってことかな。香坂さんは、いなかったような…。その時は人材開発課だったからかな。

　説明したのは男性だったっけ。あ、あの人、今はクオリティーマネジメント部だ。確か"毎月給料から引き落とす"とか"積み立て"の制度とかって説明してたかなぁ。"積み立て"って聞いて、社内預金のようなものなんだろうなぁって思った。パンフレットが何種類もあった。"ライフプラン"とか"将来"とかって、ずいぶんと先の話をするんだなぁって思ったし、会社って社員の将来のことまで心配するんだなぁと思った。まだ営業部の仕事もちゃんと始まってないのに、"将来"って言われても困るなぁって思ったっけ。ちょっとずつ思い出してきた。そうそう、それで"「商品一覧」の中から自分で選んでください"って言ってた。普通、「商品一覧」っていうと写真が付いてるのに、これは写真がないなぁって思ったんだっけ。でも、カタカナの商品が多かったから、そこはIT企業っぽいなって思った。説明されることは聞いたことのないことばかりで、入社式で仲良くなったよっちゃんに聞きたくて、いないかなぁってキョ

ロキョロして。でも、よっちゃんは後ろの方の席にいて話せなくて。

　説明会の最後にも、「よく考えて、商品を選んでください。この書類に、自分が選んだ商品をチェックして人事部に提出してください」って念を押すように言うから、IT企業なのに紙なんだって思った。説明会が終わって、営業部の席に戻って紙を広げてたら、白鳥先輩が「おっ、考えてるねぇ。これは限度額いっぱい積み立てた方がいいよ」って話しかけてきてくれた。どれを選んだらいいのか聞こうと思ったけど、その時の白鳥先輩の用事が私の歓迎会のことで、「稲垣さん、お店の希望ある？」って聞いてくれたから、行きたかったお店の話をして盛り上がって…。その話が終わってから、あぁ選ばなくっちゃって思って、また商品一覧を見て、説明を思い出そうと思っても思い出せなくて、写真がなくてもわかった一番上のチェックボックスにチェックしたんだっけ。

　それで人事部に持って行ったんだ。そう、このフロア。人事部には他部署の社員は入れないから、人事部の受付で渡した。今、そのフロアにいる。

　香坂さんは、「残高気にならないの？」って言ったけど、カンタンな計算でだいたいわかるもん。だいぶ思い出してきた。あれが確定拠出年金ね。


　社内ポータルの「人事部からのお知らせ」を開くと、「確定拠出年金のお知らせ」がある。これね。見たことなかったなぁ。

【確定拠出年金コールセンター・webの利用方法】っていうPDFファイルを開いた。長い説明は取りあえず飛ばして、FAQを見る。問合せ先の説明が書いてある。

「確定拠出年金制度について知りたい」

「運用商品について」

「運用状況のお知らせについて」

「離退職後の手続きについて」

　ここまでの問い合わせ先は…「運営管理機関　NM銀行コールセンターにお

聞きください」って書いてある。"運営管理機関"って何？

「残高を知りたい」

「時価評価の損益状況について」

「配分変更・スイッチングについて」

　これらは、「レコード・キーピングコールセンターにお聞きください」"レコード・キーピング"って何？

「自分の加入者口座番号」

　これは何だっけ？　IDみたいなもの？

　これは、「人事部人事課にお聞きください」

　なんだ、人事課はIDのようなものを答えればいいんだ。

　他の号も見てみる。

【DC運用商品ガイドブック】

「運用商品一覧」

　そうそう、この一覧を見たんだっけ。

　①元本確保型　定期DC一年

　②投資信託　バランス型商品

　③投資信託　国内債券・株式

　④投資信託　外国債券・株式

　各ページに説明がある。ここにもやっぱり写真はないんだね。


　パソコンの画面の下に、社内Webメール新着のマークが出る。開くと、あ～、よっちゃんからだ！　ソッコー読む。


　"ゴローちゃん"、人事部の様子はどう？


　むむ？　よっちゃんハヤっ。

どうして"ゴローちゃん"って知ってるの？

さっき松田部長がシステム開発部に来て、私の席にも寄ってくれたの。かわいいじゃん。れいちゃん、じゃなくて、ゴローちゃんって呼んでいい？

…れいちゃんでいい。そうだ、よっちゃんに聞いてみよ。

ねえねえ、確定拠出年金って知ってる？

うん。私的年金ね。人事の説明会があったね

私的年金？

私的年金って？

私的年金の確定拠出年金制度でしょ？ 私たちが入社する数年前に、ウチの会社でも導入したって聞いたよ

導入？ 私たちが入社する直前にテレワーク環境を導入したってことは聞いたけど、確定拠出年金も、導入？

導入するものなの？？

採用っていうのかな？ 正しいワードがわからないけど、ともかく始めたってこと。れいちゃん、人事課だよね。もしかして、DCの担当になるの？

よっちゃんは、確定拠出年金とDCがちゃんとつながってる。

そうなの〜

将来設計とかを考えることが仕事になるんだね？

はぁ？

将来設計？

将来の設計。って、まんまだね。将来って、10年よりもっと先。20年とか30年とか。老後とか

うわっ。遠すぎない？

そっか、DCの担当になったんだね。これから相談に乗ってね。私は今から開発中のシステムの設計のことで打ち合わせ。またね、"ゴローちゃん"

あ〜よっちゃん待って〜。

よっちゃんから何を相談されるんだろ？　就職してまだ2年なのに老後って…。"私的年金"って何？　年金って、"年金で生活する"の年金？　"国からもらう年金"の年金？

パソコンで"私的年金"って検索してみる。たくさんヒットする。メジャーそうなサイトを開く。

強制ではなく任意選択として加入する年金を「私的年金」と呼ぶ。これは、国民年金や、企業の社員が加入する厚生年金のような公的年金に加えて、さらなる豊かな老後の年金の受給を目指すものをいい、国民年金加入者が加入する国民年金基金や確定拠出年金、厚生年金の加入者が上乗せで加入する厚生年金基金、確定給付年金、確定拠出年金などがある。

　書いてあることが長すぎて、ここまで読んで別のサイトを見ることにする。ヒットしたサイトの中に、さっきFAQで見た"運営管理機関"っていう文字があったような…。検索サイトに戻って、あ、これこれ。

　公的年金に上乗せして企業や個人が任意で加入することができる年金制度が「私的年金」です。「確定拠出年金」は「私的年金」に相当し、公的年金の上乗せとして、老後の生活資金に備える制度です。

　ここにも"老後"って書いてある。ローゴ、ローゴ、ローゴローゴローゴロー、ゴロー、ゴロー…ん…。

　両方のサイトに書いてあることは、"老後"と、あとは、"そのために、公的年金に上乗せする"ってこと。私も"上乗せ"したの？　今から"老後の準備"って全然ピンとこない。まずは新しい仕事に慣れないといけないし、明日のことだって考えられないし、来年のことだってわからないし。まるで、水族館にいて銀河宇宙のことを考えるみたいで疲れてくる。

　DC通信の続きを読まなくっちゃ。香坂さんに叱られちゃいそうだし。その前に社内webメールでよっちゃんに送信しておく。

香坂さんって、本当にやさしいおねえさんみたいだった？

社内ポータルの『DC通信』に戻ろっと。

【確定拠出年金　社員アンケート】っていう号がある。

　へぇ。アンケートをしたことあるんだね。私は答えてないけど。どんな質問？

「今の確定拠出年金の資産額はわかりますか？」

——私は気にしたことない。

「毎月の掛金覚えてますか？」

——さっき思い出した。

「確定拠出年金制度について理解していますか？」

——おっと。はい、これから勉強します。

「商品の変更ができることは知っていますか？」

——へぇ、そうなんだ。

「非課税の恩典について理解していますか？」

——恩典？　恩典ってことはいいことがあるってこと？

「金融資産のうち、銀行預金などの元本確保型商品の割合はどの程度ですか？」

——全部。ってかそれ以外って、何？

　ん…ちょっと心配になってきた。確定拠出年金制度って何なの？　困った。営業部の時は、仕事でわからないことがあったら、部の先輩たちに聞いてた。アポのとり方も、業務日誌の書き方も、知らないIT用語も。人事部はなんだか静かで聞きにくい…。香坂さんも忙しくパソコンに向かって手をパコパコ動かしてるし…ん…。

　あ、社内Webメール新着のマーク。あー白鳥先輩だ…。

　どう？

　一言だけ？

白鳥先輩、ナイショで教えほしいんですけど、DCって何なんですか?

長くなるよ

ん…質問を変えてみようかな。

白鳥先輩は、DCで、そのォ商品(?)って何を選んでるんですか?

オープンに聞くねぇ〜　ま、人事課なんだからいっか

あ、すみません

それより、ゴローちゃんって呼ばれてるんだって?
エンジョイしてるねぇ

松田部長は営業部でも話したんですか?

そうじゃないけど、営業部ではもうみんな知ってる

…不思議なことが起きてる。あ、それより。

白鳥先輩、人事部のDC通信って見てますか?

わるい。見てない。実績なら、『DC通信』がアップされる前に自分で見てるからさ。あれ?　DCの担当になるの?

そうなんです。

エンジョイ！

白鳥先輩、通信の前に見てるって何のことですか？

オレ、前の会社の時にDC入って、ウチの会社でも同じファンドが対象だったからよかったよ。じゃあね。今日はもう帰るんだ。人事部の初日、お疲れ〜

　白鳥先輩とはいつも会話がかみ合わないけど、ともかく先輩はDCをよく知ってそうなことはわかった。

ゴローちゃん
DC
担当になる

第 1 章

# 年金制度とDC

「おはようございます」

　香坂さんはもう席にいる。

「おはよう。今日は、これからの仕事のことを話しましょ。会議室で。そうね、10時にしましょ」

「はい」

　昨日、家に帰って、香坂さんが言ってた"通知"なるものを探した。「確定拠出年金の残高のお知らせ」っていう封書が封を開けないままであった。

　開けてみると残高が書いてあった。よく見ると、"拠出金の累計"っていう金額も書いてあって、"内訳"っていう欄があった。"事業主掛金"っていう金額があった。会社も"拠出"してるってことかな。拠出金の累計と残高はほとんど同じ金額。そりゃあそうよね。社内預金みたいなものなんだもんね。

　10時になるまで『DC通信』のフォルダを見て待った。

「ゴローちゃん、会議室行きましょ。ノートパソコンを持ってきて。デスクトップの方は画面を消しておくのよ」

「はい」

　慌てて人事部のフォルダにノートパソコンでアクセスしておく。

　人事部には会議室が二つある。社員と話すときの会議室は入り口に近いところ、部内で使う会議室はフロアの奥にある。香坂さんの後ろについて、人材開発課と人事企画課の横を通って奥の会議室に入る。どこに座ろう？

「ここに座って」

　横に並んで座る。デスクにノートパソコンを置いて、メモできるようにメモ帳のアプリを開く。

「まず、人事部の全体の仕事について話すわね。さっきメールで送ったファイルを見て」

人事部の各課の仕事を図で説明してくれた。そのあと、各課のフォルダを開きながら、具体的に説明してくれた。人事部っていろいろな仕事をしてる…。採用面接とか、出退勤の管理とか、有休の管理くらいしかイメージがなかったなぁ。

「去年のDC通信は読んだかしら？」

「はい」

「全部は無理でも少しでも読んだなら、それでいいわ」

　全部読んだんですけど…と言おうと思ったけど、感想とか聞かれると困るから黙ってることにした。

「ゴローちゃんには、人事課の仕事の中のDCの仕事をしてもらいます。まずは『DC通信』と『社内報』の管理担当よ。人事課のフォルダの一番上に、タスクのフォルダがあるからそれを開いて。その中に、進行予定っていうファイルがあるでしょ」

　えーっと…、あっ、これね。

「作成から社内ポータルにアップするまでのスケジュールよ」

　1カ月ごとのカレンダーがタスク表になってる。先月のところを見ると、進捗<ruby>捗<rt>ちょく</rt></ruby>状況がわかるようにチェックボックスと日付が書いてある。

「『通信』は、運営管理機関であるNM銀行さんから届く原稿の内容をチェックして、文字数の調整をしてまとめるの。『社内報』の方は、DCのコーナーの原稿を作って、各部署から届く原稿とあわせて決裁してアップするところまでお願いね」

　"運営管理機関"って、何度か見たけど、何？　検査部的な？

「今月のスケジュールを見て。次号の原稿を、来週中に仕上げるの」

「私が原稿を作るんですか？」

「そうよ」

　作家にだけはなれないと思ってるんですが…。

「昨日異動してきたばかりなので、ちょっとまだ無理かと。業務日誌の書き方とか、あと、スマホの使い方のことなら書けるかもしれませんけど、DCのことはちょっと…」

「大丈夫よ。テーマは3カ月分決めてあるわ」

　ど、どんな…？

「『社内報』の『準備中』のフォルダに、『DCコーナー原稿』ってあるでしょ。その中に三つファイルが入ってるわ」

　来月号のファイルの名前を見ると、運用レポートの読み方、ってある。

「今月は、運用レポートの読み方ですか？」

「そうよ」

　運用レポートって、何？

「…やはり無理ではないかと思われます…」

「大丈夫。今月分のドラフトは私がもう作ってあるわ」

　ホッとしてそれらしきファイルを開くと、箇条書きに4行くらいの文章がある。

「あのぉ。まだみたいですけど…」

「昨日ファイルを入れたわよ」

「これですか…？」

　ノートパソコンの画面を香坂さんに見せる。

「そうそう、これよ」

　ドラフトっていうか、見出しだけみたいなんだけど‥。しかもさっぱり意味がわからない。

「DCのコーナーは1ページ確保してあるから、そのエッセンスをもとに文章を作ってね。来月からは、テーマごとに一から作ってもらうわ」

「あのぉ、営業部では、先輩が作る営業通信の原稿をフォーマットに入れるのが仕事だったんですが…」

「そう。これからは一から自分で作るのよ」

　人事部は大変。営業部に戻りたい…。


「香坂、いるか？　ラインアップ検討の資料、見たぞ」

　松田部長の声。

「おっ、ゴローと打ち合わせか」

「はい。当面の仕事の説明をしています」

　松田部長は会議室の中に入ってきて、私と香坂さんの向かい側に腰かけて足を組む。

「どうだ、確定拠出年金のことはわかったか？」

　今わかることは…。

「毎月のお給料から引いて積み立てています」

「そうか」

　ちょっと間があってから、部長が続けて私に聞く。

「ゴローは自分の年金のことって考えたことあるか？」

「昨日、同期から初めて"私的年金"って聞きました」

「そうか。初めてだったか」

「“年金”って付く言葉がいくつもあって、どう違うのか、ちょっとわからないっていうか…」

「そうだなぁ。こういうのはどうだ？　3階建ての建物をイメージしてみろ。1階には、部屋が一つで、20歳以上の国民が全員いる」

「20歳以上全員ですか？　どれだけ広い部屋なんですか？」

「イメージだ、イメージ。部屋の名前は、“国民年金”と言って、この部屋に入るための鍵、つまりIDだな。IDをみんな持ってるんだ。部屋の名前にはカッコ書きがある。国民年金、カッコ公的年金ってとこだな」

　香坂さんが、何かPCのキーボードをたたいて、私に画面を見せてくれた。

「こんな感じね」

| 国民年金（公的年金） |
| --- |

　香坂さんは画面を自分の方に戻して、またキーボードを操作してる。

「この部屋から2階に上る階段があって、1階の部屋のIDを持ったまま2階に上る。2階には、部屋が二つあるんだ。企業に勤めている人が入る部屋と、自営業の人が入る部屋だ」

「私は企業に勤めてます」

「そうだな。ゴローが入るのは、“厚生年金カッコ公的年金”という部屋だ」

　香坂さんがまたPCの画面を見せてくれる。

| 厚生年金（公的年金） |
| --- |

「ゴローは、1階のIDと、2階の部屋のIDを持つんだ」

　1階と2階は公的年金…。

「私はどこにいるんですか？」

「ゴローは3階なんだ。3階にも企業に勤めてる人が入る部屋と、自営業の人が入る部屋がある。部屋の名前に付くカッコは、全部"私的年金"になる。部屋の名前が長くなるぞ。企業に勤めてる人がいる部屋は、"確定給付年金（私的年金）"の部屋と、"確定拠出年金（私的年金）"という部屋だ。"確定給付年金（私的年金）"の部屋には、企業の名前も付く。それぞれの部屋に入るIDがあるが、両方の部屋のIDを持つ人もいるんだ。ゴローは、両方のIDを持ってるんだ。自営業の人は、"確定拠出年金（私的年金）"という自分だけの部屋に入るIDを持つ」

　3階は部屋が多くなってくるし、名前が似ていてややこしい。香坂さんがまた画面を見せてくれる。

---

確定給付年金（私的年金）（○○会社）

確定拠出年金（私的年金）（●●さん）

---

「それでな、それぞれの部屋のメンテナンスを誰がするかってことなんだが、一階の部屋のメンテナンスは、全部国がする」

「メンテナンスって何ですか？」

　部屋の掃除とか、建物の修繕とか？

「年金というのはな、一人ひとりが毎月拠出するお金を、大きな資金のかたまりにして運用をして、一人ひとりが受け取る時がきたら、同じ金額をみんなに渡していく。今、話している部屋のメンテナンスとは、そういう運用や管理のことだ」

　言われてみれば、年金って税金みたいに徴収されて、国がお金を貯めていくみたいなイメージだ。

　香坂さんがパソコンの画面を見ながら何か部長に言っている。何か検索してるみたい。

「部長、国民年金と厚生年金をあわせた公的年金の運用って、160兆円くらいでしょうか」

「そうだな。」

160兆円？　銀河宇宙だ…。

「メンテナンスと言ったのは、そんな金額の運用と管理のことだが、3階の"確定給付"の部屋のメンテナンスは企業がするんだ。しかし、これが"確定拠出"になると違って、部屋のメンテナンスは基本的に自分でするんだ」

ん…国や企業がすることを自分で？　意味がわからない。

「確定拠出年金は、制度の全体を運営して管理する会社と、記録の管理をする会社と、運用する商品を提供する会社が関わる。だが、ここが重要なんだが、どんな運用をするかを一人ひとりが決める。つまり、将来、いくら受け取るかは、一人ひとりの選択の結果によるということなんだ」

一人ひとりの選択？

「部屋のメンテナンスを自分でするっていうことだ」

自分で？　国や企業がしてることを？

「ゴロー、不安そうな顔してるな」

「あのぉ、社内預金のようなものではないんですか？」

「年金制度なんだ。働いているうちから、退職後の生活を支える資産をつくるということなんだ」

「会社に勤めてるのに、どうして会社がやってくれないんですか？」

「うん、いろんな理由があるが、一つには、あらかじめ決まった年金を一人ひとりに渡すまで運用することが、企業にとって大きな負担になる可能性があるということだ。もし、部屋が壊れなどしたら、企業が修理費用を負担しなくてはいけなくなるんだ」

「壊れるって、どうやって壊れちゃうんですか？」

「そうだな。年金の運用は、大きな資金のかたまりにして運用するんだが、運

用というのは、預金だけではなくて、株式や債券に投資して、また見直してい
くんだ。今は金利が低いのは知ってるな？　預金だけでは、将来みんなに年金
として支給するために資産を増やしていくのが難しいんだ」

　軽くうなずく。それは知ってる。おばあちゃんが、預金してても昔のように
金利が付かなくて増えないって言ってるのを聞いたことあるし。

「だから国民年金でも厚生年金でも、株式に投資する割合が増えてきている」

　香坂さんが、パソコンの画面を見ながら言う。

「公的年金の基本ポートフォリオは、国内株式と外国株式で5割くらいです」

「ところが、確定給付年金の運用で、組み入れている株式の株価が大きく下落
したら、運用しているお金だけでは年金が支払いきれなくなるかもしれない。
そうしたときには企業が穴埋めしなくてはならないんだ。それも部屋のメンテ
ナンスだな。一方、確定拠出年金の運用は一人ひとりの選択によるから、企業
の負担が少なくなるんだ」

「企業が難しくなったことを、社員がするんですか？」

「一人ひとりが運用すれば、その人のニーズにあった運用ができるだろう？」

「でも、メンテナンスを自分がするってことは、運用で大きく下落したら、社
員が一人で負担しなくてはいけないんですよね？」

「確かにそういうことになる。でも、その分、確定拠出年金には、非課税とか、
所得控除ができるという税制上の優遇措置があるんだ。一人ひとりに将来の年
金をつくってもらうためのメリットだな」

　税制上の優遇って、税金が安くなるってこと？　それはいいことなんだろう
けど…。

「確定拠年金制度が始まった理出はそれだけではないんだ。社会全体で、転職
する人が多くなったんだ。ウチの会社にも、他の会社から転職してくる人も多
いだろ？　逆に転職していく社員だっている」

　白鳥先輩もウチの会社に転職してきた人だ。

「さっき3階の建物の確定給付の部屋には各企業の名前がついてると言ったが、以前は、一つの会社の部屋に入るとずっとその部屋にいつづけることが多かった。初めに入った企業にずっと勤める人がほとんどだったんだ。転職すると別の会社の部屋に移ることになるが、それまでの会社の部屋で運用していた確定給付年金を別の会社の部屋に移すことができないことがあるんだ。それは、会社ごとに確定給付年金の仕組みが違うからなんだ。でも、確定拠出年金なら、それは自分の部屋だから、さっき言った優遇措置は、会社を変わっても影響ないんだ」

　部長はさっきから、運用、運用って言う。ただお金を貯めておくこととは違うみたいだけど、ピンとこない。

「つまり、確定拠出年金には、一人ひとりに将来の年金をつくってもらうためのメリットがあるんだ。でも途中で換金することはできない。あくまでも年金は将来のための資産なんだ」

　ん…自分で将来の年金のための資産をつくるって、なんか…重い。

「香坂、次号の『社内報』のDCコーナーのテーマは何だ？」

「運用レポートの読み方です」

「そうか」

　松田部長は足を組み直して、自分のズボンを少したたく。ほこりでも払ってる？

「香坂、次号のテーマな、"確定拠出年金の仕組み"に変更できるか？」

「今からですか!?　部長、仕組みでしたら基本的なことは加入時の説明会で説明していますし、配布資料にも説明してありますし、繰り返す必要がありますか？」

　部長は香坂さんの質問には答えず、私の方に顔を向ける。

「ゴロー、加入時の説明会で聞いたことを覚えてるか？」

　首を振る。少し、うしろめたい気持ちをもちながら。

「資料、読んだか？」

また首を振る。

「説明会、寝てたのか？」

思いっきり首を振る。

部長は香坂さんに向かって言う。

「な、香坂」

香坂さんの少しうなだれてる様子が視界に入る。

「確かに、社内預金のように思われていることは感じています。若手の社員にとって将来は遠いですし、自分で年金をつくるなんてことは意識されていないんだと思います」

「だからな、年金の仕組みからまた始めたらどうだ？」

「でも、年金の仕組みって複雑ですし…」

「いいんだ。ベーシックなことを何度も繰り返せばいいじゃないか？　基本的な年金全体の仕組みがよくわからないままでは、運用レポートの読み方やマーケットの動きの説明をしても、必要性や重要性は伝わらないんじゃないか？」

「それはそう思いますけど、皆さんに読んでもらえるでしょうか？」

香坂さんは必死に抵抗してるみたい。

「社内預金とは違うことをわかってもらうには、まず、DCの年金としての位置づけとか、DCの特徴や機能を丁寧に説明することが必要だと思うがどうだ？」

「1ページでは説明しきれないと思います」

「だったら何回かにわけてみたらどうだ」

「確かに…シリーズにして考えてみます…」

「香坂、正確に伝えるために難しくするより、年金に関心が薄い若手社員にもわかりやすいようにな」

「それが難しいんです！」

「そうだな。香坂、頼むな」

「部長！」

「お、そうだ。ラインアップの検討の件な、資料にある計画の通りに進めておいてくれ」

「はい」

　香坂さんはまたうなだれてる。

「ゴロー、香坂を手伝ってやれよ。ウチの社員の退職後の資産をつくるための重要な仕事だからな」

　社員の退職後の資産をつくるための仕事？　私には異次元…重すぎてよくわからない。

「あのな、DCのことを、人事部から『社内報』で社員に伝えている会社はまれなんだぞ。頼むぞ、ゴロー」

　努力はしてみますが…重い。


　お昼の休憩から戻ると、香坂さんはパソコンに向かって険しい顔をしてる。ちょっと話しかけづらい雰囲気。4行の原稿がムダになってしまったからなのか、『社内報』に載せる「確定拠出年金の仕組み」の原稿作りに悩んでいるのか、それとも、まだお昼ご飯を食べていないからか…。

「ん…やっぱり難しいわ」

　そうつぶやいて、キーボードから手をはなして、デスクに肘を突く。

「運用レポートの読み方なら、参考資料をたくさんそろえてあったんだけど…」

　かろうじて聞こえるつぶやき。

「部長が言ってるのは、今までの資料では、確定拠出年金の仕組みが"年金に関心がない若い人にもわかりやすいもの"になっていなかったり、そもそも"年金の仕組みが複雑"でわかりやすく説明されていなかったりしたかもしれないってことよね…。そう言われても…　あーおなかすいてきたわ」

険しい顔の理由は全部だった。

「ゴローちゃん、今日中に来月号の『社内報』のドラフトを作るけど、予定してたよりも時間がないからそのつもりで。ちょっとお昼に行ってくるわ」

できれば4行以上でお願いします、と心の中で思いつつ、「はい。行ってらっしゃい」と返した。

部長の話を聞いて、DCは、社内預金ではなくて、3階建ての、年金という建物の中のことってことはわかった。社内預金だと思ってた。知らなかった。みんな知ってるのかな？

部長は「ウチの社員の退職後の資産をつくるための重要な仕事」とも言ってた。私はまだ入社して2年。退職後って何年後？　何十年も先のことなんてわかりっこないのに、今から何をするの？　資産をつくるって…？　やっぱり銀河宇宙だ。よっちゃんは知ってるのかなぁ？　考えてるのかなぁ？

社内Webメールの画面にする。

> よっちゃん、老後のことって考えてるの？

と送信しておいて、住所変更の仕事っと。マニュアルを見ると、社員マスターの変更をしてから、いろいろな届けの手続きが必要みたい。健康保険、税金、雇用保険、介護保険、あ、厚生年金ってある。年金の建物の2階のことだ。お、確定拠出年金もある。3階だよ。それは覚えた。

あ、社内Webメールの新着。よっちゃんだ〜。

> "ゴローちゃん"、お疲れ〜。老後は遠いけど、将来のことは考えてるよ。自分の将来もだけど、親の介護のこともあるし、私が蓄えておかないとって思うよ

そうなの？　介護保険っていうのもあるでしょ？　それに、結婚したらダンナさんに面倒見てもらえばいいんだし

私は結婚したとしても、結婚相手に頼らないつもり。対等なパートナーとして、お互いを尊重し合える関係がいいな。社内webで言うことではないね

ううん。もっと教えて。ダンナさんの収入に頼らないの？　自分のお金のこと考えてるの？

考えてるっていうか、経済的には頼らない気持ちは持ちつつも、お金のことは、お互いの収入や貯蓄を把握して、お金のフローをルール化して人生設計を立てていきたいかな。自分の人生のお金は自分で責任を持って、家計管理や資金管理に対する価値観を合わせていきたいと思ってる。問題は、価値観の合う相手が見つかるかどうか、なんだけどね

　お金のフロー？　人生設計？　家計管理？　よっちゃんとお金の話をしたことなかったな。結婚の話も。あれ？　お金の話が結婚の話になった？

　香坂さんが戻ってきた。
「お帰りなさい」
「今戻ったわ」
　香坂さんは椅子に腰かけて、すぐにキーボードをたたく。
「『社内報』のシリーズの流れを固めたわ。4回に分けるわよ」
　香坂さん、お昼の間も『社内報』のことを考えてたの？
「1回目は、年金の種類の話。2回目は、なぜ確定給付から確定拠出へ移行す

ることになったのか。それから確定拠出年金の特徴。そして確定拠出年金の機能。タイトル的にはいつもしている解説と同じだけど、ゴローちゃんにお願いがあるのよ」

　ランチ食べてからの香坂さんは、さっきよりご機嫌がいいみたい。今の私に確定拠出年金のことでお願いするのはどうかと思うけど…。

「はい、何でしょう?」

「松田部長の話でゴローちゃんがわかりやすく感じたポイントと、疑問が残ったことを教えてほしいの」

　わかりやすく感じたポイント?

「そうですねぇ。ポイントといいますか、自分で年金をつくるって重いなーって、初めて感じました」

「そう。加入時の説明会でも、資料でも、自分の年金をつくる必要性を言ってたつもりなんだけど…」

　…ダメな返事だったのかも…。

「部長の話のどこでそう感じたの?」

　どこ?

「どこと言われましても…部長の雰囲気で…」

「雰囲気?　それではわからないわ」

　香坂さんにはわかりませんか…。あ、そうだ。

「あの、香坂さんが書いてくれた3階建ての建物のイラスト、わかりやすかったです」

「あれが?」

「はい。親しみがもてたっていうか、自分もそこにいるっていう感じがしたっていうか」

「親近感…なるほどね。関心を持っていない社員にどう関心を持ってもらうか、ひとつの方法かもしれないわね。やってみましょ」

ふぅ。よかった。


　香坂さんが『社内報』用の原稿を作っている間、私は香坂さんの指示で、確定拠出年金について、DC通信やインターネットの解説を見ておくことになった。

　検索サイトで"確定拠出年金"って入れると、「老後の生活を支える」とか、「老後に備える」とか、「DC制度で資産形成」っていうフレーズが出てくる。

　ん…「老後の生活を支える」ってことは…"年金で生活する"って聞いたことがある。"老後は年金で生活する"っていうことなんだよね。だったら、"老後の生活を支えるのは年金"ってことか。部長は、国民はみんな"1階のID"を持ってるって話してた。ということは、みんな、老後になったら年金をもらえるってこと。企業に勤めていれば、"2階のID"も持っていて、企業が"メンテナンス"してる。だから、国や企業が、老後になると年金をくれる。そのために20歳になったら、毎月年金保険料を払う。企業に勤めればお給料から引かれてるから大丈夫、じゃないのかなぁ？

　「老後に備える」ってことは…部長は、"自分で自分の年金をつくる"って言ってたっけ？　国や企業がしてくれるのに？　ん…。

　「DC制度で資産形成」…これがなんだかわからない。"資産形成"って何すること？　文字通りなら"資産をつくる"こと。ん…何をどうすればいいの？　つくるってどうやって？　お給料は少ないし、つくれないんですけど。DCに加入することが"資産形成する"ってことと同じ？

　ともかく、老後なんて遠すぎ。人事部の仕事を覚えられるかどうか不安だし、いつまで人事部にいるかわからないし、来年、私どうしてるかもわからないのに、想像のしようがないよ。


「あら、こんな時間だわ。会議に行ってくるわ」
「はい、行ってらっしゃい」

香坂さんは忙しそう。

あ、社内webメールに、白鳥先輩から新着がある。

> ゴローちゃん、ハロー！　あのさ、AB会社さんへの訪問記録ってどこにあるか教えて。検索しても出てこなくってさ

それならあのフォルダに入ってる。AB会社さんは合併があって社名が変わったから検索で出てこなかったんだね。リンクをはりたいけど、もう営業部ではないからアクセス権限がないんだった。

> おはようございます。訪問記録は、営業部の直下のフォルダです。合併後の社名です

すぐに返信がくる。

> サンクス！

すぐにまた新着。

> やっぱわからない。ビデオ通話していい？

今、ほとんど人事部の先輩たちは席にいないし、香坂さんも会議に行った。"はい"って送信しようとしたらビデオ通話の着信音が鳴る。急いでイヤホンを着ける。

「おっ、元気そうだねぇ」

「白鳥せんぱーい」

　白鳥先輩の姿の後ろに映る営業部の光景が懐かしい。

「営業部は変わっていませんね」

「まだ一週間もたってないんだよ。変わらないさ」

「AB会社さんの記録ですね。白鳥先輩の記録のフォルダにも入れてあります
よ。白鳥先輩の記録のフォルダには旧社名も付けてあります」

「おっ、あったあった。関係資料もいっしょに入れてくれてるな。サンキュ。
AB会社さんに提案したシステム、話が進みそうでさ」

「そうなんですか？　よかったですね。会社の合併で止まってしまいましたも
んね」

　営業部はいいなぁ…。

「そうなんだよ。でもさ、開発部に頼んでシステムをアップグレードしたじゃ
ん。去年の提案でどこまで説明したかなぁ、って思って確認したかったんだよ」

「諦めないでアップグレードに取り組んでよかったですね」

「だろ？　そっちはどう？　DCの仕事はエンジョイしてる？」

「わからないことだらけです。あ、白鳥先輩に聞いていいですか？」

「おっ、何々？　出掛けるまでまだ時間あるからいいよ。オレ、人事制度以外
ならなんでも答えられると思うよ」

「白鳥先輩って、将来の資産のことって考えてますか？」

「やっぱ人事部になると聞くことが違うなぁ。そうだなぁ、まぁそれなりに。
っつーか、オレ自身が資産、ってことかな」

「もぉ先輩、ちゃんと教えてくださいよぉ」

「いや、マジで。オレの所得をうむのはオレ自身なんだからさ。オレ自身がい
くら稼ぐのかわからないと先々の計算のしようがないしね」

「先々の計算って何ですか？」

「オレがこの先いくら稼ぐかってことだよ。それがベース。稼いで、その中の

いくらがオレの資産になるかってことだよ。足りなければ長く働くか、カネに
カネをつくってもらうかってことなんだよな。お、そうか。オレの将来の資産
をつくるのは、オレか、カネかってことか」

「自分の資産をつくるのは、自分かお金って、どういうことですか？」

「え？　そのまんまだよ。オレが働いて稼ぐか、オレのカネを増やすかってこ
とさ」

　ふぅん…

「オレ、いつか自分の会社をつくりたいんだよね」

「えーーっ？　そうなんですかぁ？」

「そんなに意外か？」

　意外、意外。

「それにはカネがかかるからさ」

「じゃあ老後のことなんて考えてないですよね」

「老後かぁ」

「例えば年金とか」

「あぁ年金ね。年金ってさ、相互扶助だろ？　働いてる人が毎月かけてるお金
で、退職後の人を支えるよね。人に頼るのはオレの性には合っていないんだな。
それにさ、年金保険料を払う人が少なくなって、もらう人が多くなるんだから、
支える人が多い時代より厳しくなるよね。それなら自分で自分の年金をつくる
しかないよな。自分の人生は自分で決めていくさ。そういう意味なら考えてる
よ。オレってちゃんとしてるなぁ」

「それって、自分で運用するってことですか？」

　部長が言ってたこと。

「そういうこと。それにはDCだよ。非課税はつかわない手はないよな。ゴロ
ーちゃん、限度額いっぱい拠出してる？」

　白鳥先輩にそう言われたけど、実は少しだけ。だって、よくわからなかった

んだもん。

「オレはさぁ、オレが会社勤めを辞めてしまえば企業型DCは続けられなくなるけど、そうしたらイデコに加入するよ。起業したら自分の会社が資産だな」

　ん？

「先輩、今、何ておっしゃいました？」

「起業？」

「その前です。ヒデコ、とかなんとか」

「あぁイデコね」

　何"デコ"？　誰かの名前？

「そうか、ゴローちゃん、DCの仕事だったよな。長期戦だよ、長期戦。なんたって、30年、40年先のことを考えなくちゃいけないんだから。お、もう時間だ。そろそろ出るからさ。じゃあねゴローちゃん」

　画面が切れた。また白鳥先輩がDCで何を選んでいるのか聞けなかった。でも、会社をつくろうと思ってるっていうのを初めて聞いてびっくりだった。それ以上に、白鳥先輩が"自分の資産"とか、"自分で資産をつくる"って、サラリと言うなんて意外だった。でも白鳥先輩がお金の話をしてるのって、特別なことっていう感じがしないから不思議。

　お金の話をすると、今まで知らなかった一面を知ることになる。よっちゃんもそうだった。

　イヤホンを片付けてる時に香坂さんが来た。

「おかえりなさい」

　イヤホンを急いで引き出しにしまう。

　香坂さんは椅子に腰掛けてスリープしてるPCを稼働させる。パスワードを

入力してる香坂さんに聞いてみる。

「香坂さん、ヒデコとかフデコって誰ですか？」

「誰？　どの部署の人？」

「DCに加入してる人でしょうか？」

　香坂さんがこちらを向く。

「それってイデコのこと？」

「あ、そんな響きでした」

「個人型の確定拠出年金よ。企業型に対して個人型」

　香坂さんは稼働したPCに向かって何かをタイプして、私に画面を向ける。画面には、iDeCoっていうロゴのようなものが出ている。

　これも年金の仲間？　また新しいことが出てきた。年金って本当にややこしい。

「そうだわ、松田部長からiDeCoの現状をまとめるように言われてたんだわ」

　香坂さんは抱えてる仕事が多いみたい。

「ゴローちゃんも自分の仕事のスケジュールは、自分でちゃんと管理しておくのよ」

「はい」と返事しておく。自分のことは自分で…かぁ。

# 年金制度とDC

## 1 年金制度

### (1) 公的年金（国民皆年金）

　人が生きていく中では、さまざまな変化があり、その変化には予期できることばかりではなく、予期できないことが多くあります。

　また、予期できたとしても、遠い未来のことであると、準備が後回しになりがちで、そのために準備不足のまま、その時を迎えることにもなりがちです。その一例に退職後の生活があり、個々人では十分な準備ができないかもしれないことに対して、国の制度としての「公的年金」がその支えとなっています。日本では、明治初期の海軍恩給がその最初で、現在、「国民皆年金」という特徴を持っています。国が、国民の老後生活を支えるために、集めた保険料を運用し、高齢者になった国民に支給しています。

### (2)「公的年金」と「私的年金」

　年金制度は、生きていれば誰にでも訪れる老後の生活に重大な影響を与えるもので、年金制度は、日本社会のありかたや、それによる経済状況、また、日本に暮らす人々の生活スタイルの変化とともに、幾度も改正が繰り返されてきました。

　1960年代には、企業が任意で社員の年金資金を運用して提供する「企業年金」がスタートしました。その代表的なものが「確定給付年金」です。国民年金や厚生年金などの「公的年金」に対して「私的年金」と呼ばれます。

　1960年代にスタートした企業年金は、退職金を年金として支給していくニーズの高まりで普及していきました。また、年金資金の運用には、年率で「5.5%」という運用収益の目標がありましたが（これを予定利率と呼びました）、当時はそれが達成されやすい経済環境、市場環境であったことも普及の要因でした。

　ところが、1990年のバブル崩壊といわれる経済環境の悪化で、運用は困難にな

っていきました。企業年金は予定した5.5%の運用収益を上げることが難しくなり、年金運用の原資である掛金を企業がより多く負担しなければならないことになりました。そうした状況から、年金運用の規制が緩和されたり、1997年には予定利率の5.5%を、固定ではなく自由化されたりしました。

　しかし、企業にとっての負担は軽減されずに、企業の財務状況への影響は深刻化していきました。また、一度就職した会社に勤め続ける終身雇用ではなく、別の会社に転職することも増えていき、いわゆる雇用の流動化が進みました。企業にとっては、中途で入退社した人に不公平感の少ない年金制度を提供することが課題になっていきました。

　このような状況の中で、2001年に「確定拠出年金」が日本に導入されました。「確定拠出年金」は、これまでの年金制度とは異なり、拠出された掛金が加入者ごとに区分され、自らの指図により運用を行い、それによって将来受け取る年金額が変わる制度です。

## 2 ｜ 現在の年金制度の全体像

　現在の年金制度をイメージすると図表のようになります。

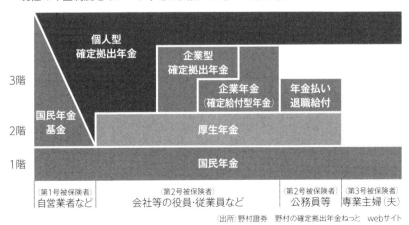

（出所）野村證券　野村の確定拠出年金ねっと　webサイト

1階部分は、基本的に日本国内に住む20歳から60歳の全ての人が「国民年金」に加入し、国に「年金保険料」を納め、その保険料を高齢者などへ年金として給付する仕組みです。現役世代のうちに国民年金の保険料を支払い、高齢者になったら「老齢基礎年金」として国から給付を受け取ります（専業主婦・主夫など扶養されている人は、扶養者が厚生年金制度などで保険料を負担しているため、個人としては保険料を負担しません）。

　2階部分は1階の上乗せです。会社員や公務員等は、「国民年金」に加えて、「厚生年金保険」に加入し、それぞれの保険料を、毎月会社などと折半で国に納め、高齢者になると、「老齢基礎年金」の上乗せとして「老齢厚生年金」の給付を国から受けます。

　3階はさらに上乗せする「私的年金」です。会社員には、勤め先の企業によって、企業年金である「確定給付型年金制度」や2001年10月からスタートした「確定拠出年金」の制度を導入している企業もあります。「確定給付型」と併せて導入している企業と、「確定給付型」に代わって導入している企業の両方が存在します。さらに、2002年1月には、「個人型確定拠出年金」がスタートしました。当初「企業型確定拠出年金」は、会社員に対する制度で、個人型確定拠出年金iDeCoも当初は加入できる人が限られていました。2017年からは、現役世代のほとんどの方々が加入できるようになりました。現在、iDeCo（イデコ）という愛称で呼ばれています。

## 3 ｜ 確定拠出年金（Defined Contribution Plan）

　確定拠出年金は、拠出する掛金を、自分で選んだ金融商品に投資し、運用収益との合計額をもとに、将来年金として受け取る額が個人別に決定するという制度です。その運営全般は、「運営管理機関」と呼ばれる金融機関が担い、資金の記録などの管理は、一般に「レコードキーパー」と呼ばれる「記録関連運営管理機関」が担います。

### （1）確定給付年金との違い

確定拠出年金には、会社員が利用できる「企業型確定拠出年金」と、幅広い層が利用できる「個人型確定拠出年金」(iDeCo)があります。「企業型確定拠出年金」の特徴を、従来多くの企業が導入している「確定給付企業年金」と比較しながらみてみます。「確定給付企業年金」では、一般的に、企業が年金資産の原資となる毎月の掛金を負担して運用し、社員が退職後に受け取る給付金額を約束しています。必要最低限のルールの下で企業ごとに柔軟な制度設計が可能ですが、運用の責任は、企業にあります。「確定拠出年金」では、企業が在職中の従業員に対して拠出金を付与します。拠出金の額は企業によって異なります。また、企業によっては社員自身も拠出することができます(「マッチング拠出」といいます)。社員はそのお金の運用先を、会社が提携した「運営管理機関」がそろえた金融商品の中から選びます。運用する商品は何度でも変更することができます。運用の結果、高い成果が得られたら、より多くの年金を受け取ることができます。一方で高い運用成果が得られなければ、将来受け取る年金額は少なくなります。つまり、運用の責任は、個々の社員にあり、自分の年金の運用を、国や会社に任せるのでなく、自分で行うのです。この点が、個人にとって、「確定給付年金」と「確定拠出年金」の大きな違いです。企業にとっては、年金の運用や企業の財政面での心配がありません。

## (2) ポータビリティ

確定給付年金では、定年前に退職した場合、その企業が定めた資格要件を満たしていれば、退職年金の原資に相当する部分を一時金として受け取ることができ、それ以外の場合は、それを受け取ることはできませんでした。これが、会社員の転職を阻み、社会全体で見たときに人材の流動化を阻害する要因といわれていました。

一方、確定拠出年金の場合、企業が負担した掛金は、拠出した時点で各社員の持ち分、いわば各社員のお金となり、資産管理機関で明確に分別管理されています。従って、企業を退職した場合にも、転職先が確定拠出年金制度を導入していれば、自分の持ち分(資産)を転職先に移転することが可能です。このことをポータビリティと呼びます(もし、転職先が確定拠出年金制度を導入していない場合は、個人型

確定拠出年金（iDeCo）に移換することができます。iDeCoへの移換手続きを行わない場合は、資産は現金化されて国民年金基金連合会に自動的に移換され（その際に手数料がかかります）、運用されないまま資産から毎月手数料が差し引かれてしまいます）。

　また、万一企業が倒産した場合、確定給付年金においては、一度企業年金制度へ積み立てたお金は会社の資金繰りなどには使えないなど、保全されることになっていますが、状況によって、社員の受給額への影響はあるでしょう。

　一方、確定拠出年金の場合は、企業が負担した掛金は、拠出した時点で各社員の持ち分となり、資産管理機関の口座で明確に分別管理されています。従って勤務先企業が倒産した場合でも、それによって確定拠出年金の残高が削減されることはありません。

### （3）個人型確定拠出年金（iDeCo）

「個人型確定拠出年金」（iDeCo）も、企業型同様、個人が運用先を選び運用の責任は個人にあります。拠出金額を限度額の範囲で決め、その運用先を、運営管理機関が提示する金融商品の中から選びます。一度選んだ商品を変更することも可能です。企業型との違いは、企業型は企業が拠出する部分が必ずあるのに対して個人型にはそれがないことと、企業型は手続き全般を企業の担当部署が行うのに対して、個人型は、加入者自身が運営管理機関である金融機関を自ら選んで加入手続き等を行うことなどです。

　iDeCoへの加入には、企業型確定拠出年金を導入している企業の状況によって制約があります（2022年10月からは制約がなくなります）。また、勤めている会社を、年金受給年齢到達以前に退職して自営業者になった場合等に、企業型確定拠出年金の残高を引き継いで個人型へ移換することができます。

### （4）税制のメリット

　確定拠出年金は、老後資産の形成に係る制度であることから、税制の優遇制度が

あります。三つの時点で税制上のメリットがあります。三つの時点とは、①掛け金を拠出する時、②運用中、③給付金を受け取る時です。

| | 企業型 | 個人型　iDeCo |
|---|---|---|
| **①掛金を拠出する時**<br>➡所得控除の対象 | 会社から拠出される掛金は、給料と見なされませんので、社員が拠出した掛金は、全額所得控除（小規模企業共済等掛金控除）の対象となります。 | 本人が拠出する掛金は、全額所得控除（小規模企業共済等掛金控除）の対象となり、年末調整や確定申告により、納付した税金が所得と掛金に応じて所得税が還付されます。 |
| **②運用中**<br>➡利息・分配金等、商品変更における売却益は非課税 | 通常、個人で運用する場合、預金の利子や、投資信託等の分配金等に対して20.315%の税金が源泉徴収されますが、確定拠出年金では非課税です。また商品を変更（保有している商品を売却して別の商品を購入）する際の売却益も非課税です。(注)（ただし、引き出しはできません） ||
| **③給付金を受け取る時**<br>➡「公的年金等控除」および「退職所得控除」の対象 | 積み立てたお金を年金給付金として受け取る際は、受取方法に応じて各種控除を受けることができます。<br>●年金として受給：年金給付金は雑所得に当たりますが、その雑所得の計算にあたり、公的年金等の収入金額から公的年金等控除（公的年金等の収入金額および年齢に応じた一定額を差し引くこと）が適用されます。<br>●一時金として受給：退職所得の計算にあたり、退職所得控除（退職手当等の収入金額から、勤続年数に応じた一定額を差し引くこと）が適用されます。 ||

(注) 確定拠出型年金の他にも、NISA（少額投資非課税制度）や、つみたてNISA（非課税累積投資契約に係る少額投資非課税制度）という、運用益が一定額の範囲で非課税となる制度があります。

ゴローちゃん
DC
担当になる

第 2 章

将来の
資産をつくる

「おはようございます」

　朝、席に着くとデスクトップのPCとノートパソコンを立ち上げて、今日のスケジュール表を開く。私のスケジュール表は、香坂さんとの打ち合わせがポツポツと入ってるだけ。承認を押していないものに承認ボタンを押す。営業部の時はもっとたくさん入っていたんだけど、今はまだ管理するほどでもない。

　今日も既に忙しそうに仕事している香坂さんが、私の方を向く。

「おはよう。ゴローちゃん、『社内報』の原稿は集まってる？　DCコーナーの原稿は今日上げるから、それまでにDCコーナー以外の部分をまとめておくのよ」

「はい」

　…今日のお昼は、よっちゃんとランチの約束。それを楽しみにがんばる。


　メニューも見ないでレストランの入り口を見てると、よっちゃんが手を振りながら入ってきた。

「よっちゃ～ん」

「ごめんね、待たせちゃって。リスクマネジメントチームとの会議が長引いちゃって」

　よっちゃんは、ニコニコしていて、長い会議にも疲れたそぶりを見せない。いつも。2人でランチを注文してメニューを店員さんに返す。

「どう？　"ゴローちゃん"って呼ばれるの、慣れた？」

「人事部の中だけではなくて、営業部の白鳥先輩までそう呼ぶの。香坂さんは、ちょっと怒ってるときは"稲垣さん"だけどね。松田部長は、時々"ゴロー"って呼ぶんだよ」

「人事部長っぽくないところが松田部長っぽいね。仕事はどう？」

「ITとは別世界。水族館にいて宇宙のことを考えるみたい」

「へぇ、おもしろい表現だね。れいちゃんっぽい。どういう意味？」

「建物の中にいるのに、空のずっとずっと上の方を見なさい、って言われてるみたい。入社して2年だよ。老後とか、退職後の生活って言われてもわかんないよ」

「そういう意味ね。でも、宇宙と違って、退職後には、私たちだっていつか必ず到達するよ」

「よっちゃん、そんな風に思えるの？　"人生設計を立てて将来のためのお金のことを考える"って言われても、1年後のことだってわからないのに」

「確かに人生設計って、システムの設計と違って、設計すればその通りになるってものではないけどね。会社の人事異動だって、本人の人生設計はおかまいなしだもんね」

「でしょ？」

「でも、仕事で"こういうシステムを作って"って言われてわからなくても、設計していきながら、"こういう機能が欲しい"とか、"それならこっちの方がいい"とか、クライアントの要望がだんだんとわかってきて全体が見えてくるっていうこともあるよ。設計して初めてわかってくるものだよ」

「クライアントの方もだんだん必要なものがわかってくるってこと？」

「そうそう。だから、ウチの部では、話ももちろん聞くけど、設計も同時に進めていくことにしてるよ」

「人生設計って、将来どうしたいかわからないのにできるのかなぁ？　何することなんだろう？」

　よっちゃんのパスタランチと、私の日替わりランチが運ばれてきた。私のハンバーグおいしそう。

「れいちゃんの頭の上のハテナマークが消えたね」

「そう？」

　よっちゃんはフォークにパスタを絡める。

「れいちゃんから人事課の仕事の話を聞いて、私、改めて給与明細を見てみた

の」

「そうなの？　私は見てないよ」

「見てみるといいよ。人事課なんだし」

　ハンバーグがおいしい。

「明細見て、税金は仕方ないとして、私たち、毎月いろいろな保険料を払ってるんだって思ったよ。失業した時の雇用保険、けがや病気の時のための健康保険、年金のための厚生年金保険料」

「そういうことなら知ってるよ。住所が変わったりすると、手続きすることがいろいろあるの」

「どれも、何かあった時のための備えということだけど、失業した時とか、病気にかかった時とか、それから退職後とか、私にはどのくらい必要になるのかなって考えちゃったよ」

「よっちゃんは慎重派だね。まだ起きてないことは考えたってわからないんじ

ゃない？　普段、難しい仕事してるんだから、考えすぎちゃダメだよ。よっち
ゃん、パスタおいしい？」

　パスタを絡めたフォークを口に入れて、少しするとまた話し始めた。

「大学のゼミの研究室で、実験のための研究費が足りなかったことがあったの」

「よっちゃんは物理の学部だったね」

「うん。ゼミ生たちでカンパしたけど微々たるもので、じゃあどうしようかっ
て言って、どうしたらお金ができるのかって話して、男子たちは、パチンコに
行ったり、先輩たちは競馬もしたり、それぞれにとにかくお金をつくろうとし
たの。すごかったよ。みんな半端じゃないの。パチンコや競馬の研究などして。
本来の研究に費やせばいいのにって思ったけど、お金がないんだから、まずお
金をつくろうって」

　よっちゃんは話しながらフォークをクルクル回してるけど、少しもパスタが
絡まってない。

「うまく当たった男子もいたけど、全体的にはうまくいかないし、研究費は集
まらないし、結局、その実験は諦めざるを得なかったの」

「よっちゃんは何してたの？」

「あっという間にお金を増やす方法を考えたよ。でも見つからなかった。そも
そも研究費のことって考えたことなかったから、どんなやりくりをしてたのか
調べて、管理ツールを作ってあげた」

「よっちゃん、そんなことできるの!?」

「カンタンなExcelだったけどね」

　へぇ。

「その時に、お金って、必要になってから慌ててもうまくいかないものなんじ
ゃないかなって思ったの。したいことの選択肢を狭めてしまうっていうか」

「選択肢を狭める？」

「うん。計画的にお金の準備をしておけば、実験できたわけよ」

よっちゃんはフォークを回す手を止める。

「お金のことって、漫然とその時を待つより、攻めていくっていうか、挑戦っていうか、虎視眈々と計画を立てる方が楽しいんじゃないかな」

「"虎視眈々"と"楽しい"がつながらないよ」

「そう？」

「選択肢を増やすようにするってこと？」

「そうそう、それ。選択肢が広がるよ。お金がなくてできないって諦めないようにするっていうか。れいちゃんが言ってる"老後"とか"退職後の資産形成"とかとは違うかな？　同じような気がしてくるけど…」

「でもよっちゃん、お給料ギリギリでお金余らないし、計画の立てようなんてなくない？　やっぱりイメージわかないよ」

　よっちゃんはフォークを置いた。

「れいちゃんは、毎月、どのくらい使ってるか自分で知ってる？」

「クレジットカードで買い物するのはだいたいわかってるよ。残高が足りてるかどうか気にするくらいかな」

「私、研究費の管理ツール作るときに、家計簿のアプリを参考にしたの」

「家計簿？」

「うん。試しに、バイト代で入るお金と、出費するスマホ代とか学食代とか、あと、カードで支払った時のレシートもスキャンして、支払うお金を全部入れてみたの」

「レシートを？」

　私もフォークを置いた。

「レシートをスキャンしてとりこむのが楽しくって、続けたら――」

「そうしたら？」

「意外に余分なお金使ってるなってわかって、次の月にちょっとだけ気をつけるようにしたら出費が減ったの」

「いくらくらい？」

「5,000円」

「ふぅん」

　またフォークを手にして残りのハンバーグを食べた。

「驚かないの？　ちょっと気にしただけなんだよ。"見える化"って効果あるんだなぁって思ったよ」

「それって"将来のための資産形成"に関係あるの？」

「それはどうかわからないけど、"お金ない"って思ったのが、意外にそうでもなかったということ。つまり、第一歩なんじゃない？　れいちゃんもやってみたら。クレジットカードと連動して管理できるし。"見える化"って効果あるよ。モヤモヤが晴れるよ、きっと」

　れいちゃんは残りのパスタを食べる。ようやくおいしそうに。


　お昼の休憩から戻ってメールをチェックすると、香坂さんから、例のシリーズの1回目の原稿がメールで届いてた。併せてこんなメッセージも。


「シリーズの次の回は、どんなテーマがいいか考えてみて。例えば、『拠出金額を見直す』あるいは『商品の選択』」

　どっちもカタい…みんな読むかなぁ。白鳥先輩とよっちゃんと話して、2人とも自分でお金をつくることを自然に考えていて、なんだか少しブルー…。この不思議なショックは何だろう？　将来のお金のことって、考えないといけないことなの？　わからないことを考えるなんて…よっちゃんは楽しいよって言ってたけど。白鳥先輩も楽しそうだったけど。


「ゴロー、香坂は今どこにいる？」

　気づいたら松田部長が後ろに立ってた。

「あ、部長。香坂さんなら、今、お昼の休憩だと思います」

「そうか」

「戻ったら部長が探してたって伝えます」

「頼むな。で、ゴローは仕事してるか?」

「はい。一応…」

「一応って何だ。外部の人たちとの打ち合わせには出てるか?」

「まだです」

「そうか。香坂に言っておくから、どんどん出ろよ」

「はい…」

「どうした。腹でも痛いような浮かない顔してるな」

　おなかは痛くないんですけど…。

「将来の資産のことって、意外に考えてる人は考えてるってことを知ったんです…」

「そうか。友達とそういう話をしたか。それでゴローはどうだ?　考えられないか?」

　部長は香坂さんの椅子を引いて腰かける。

「どうして考えられない?」

「だって、将来は遠いし、お金ないし」

「そうか」

「先輩は、将来自分で会社をつくりたいみたいで、そのために"オレ自身が資産だから仕事してる"って」

「営業部の白鳥か?」

「はい」

「同期は、大学の研究室でお金が足りなくて実験できなかったことがあって、"お金の準備をすることは選択肢が広がる"って」

「システム開発部の大村か?」

「そうです。部長、どうしてわかるんですか？」

「まぁな。そうか、白鳥は夢を語ることで今の仕事のモチベーションにしてるんだな」

「そうなんですか？」

「ゴローは、白鳥とも大村とも違うのか？」

「別に白鳥先輩みたいに将来したいことなんてわからないです。まだ人事部の仕事もできないし、来年のこともわからないし。よっちゃん…大村さんですけど、よっちゃんみたいに早く準備するっていっても、まだ少ないお給料で、何を計画するのかわからないし。挑戦の意味もわからないし」

「挑戦って何だ？」

「よっちゃんは、ただ漫然とその時を待っていても…とかなんとか。虎視眈々と…とかなんとか。選択肢が広がるとか…」

「そうか」

　部長は、ズボンのほこりを払うようにひざの辺りをたたく。

「ゴローが"将来のために資産をつくる"というときの、いちばんの武器は何だと思う？」

「武器…ですか？　っていうか武器が必要なんですか？」

「時間だ」

「時間？」

「そうだ。何十年という時間をかけて将来に備えると、大きな資産になるんだぞ。どんな将来になるのか、今はわからなくてもな」

「将来に備えるためって…　私、そんなにお給料余らないです」

「少しでいいんだ。どうして少しでいいのかわかるか？」

　首を振る。

「ゴローには時間があるからなんだ」

「いいえ、人事部にきて新しい仕事をいっぱい覚えなければいけないですし、

週末は疲れて昼過ぎまで寝ちゃいます。そうすると、またすぐに月曜日になります」

　部長は少し笑う。

「いや、そういうことじゃないんだ。人事部の仕事は覚えてもらわないと困るがな」

　はい…。

「あのな、お金の計算の要素は三つだ。元本と、利回りと、期間、要はこの掛け算だ。この期間が、つまり時間だ」

　ん…掛け算かぁ。ん？　あ、白鳥先輩。

「白鳥先輩が、お金にお金をつくってもらう、って言ってたことと関係ありますか？」

「まぁそういうことになるな」

　ん…

「なんだ？」

「私、計算は苦手です」

「そう言って避けてばかりいると、将来困るのはゴロー自身かもしれないぞ」

「そんな…　困るのはいやです」

「まぁ困るというより後悔だな。"あの時にもう少し考えて行動していれば今よりこうだった"とか、"今からもう少し時間があればこうできるのに"とかな。"若さ"は"若さ"をムダにするものだから、仕方がないといえばそうなんだが。少しでもチャンスを逃さないためには、きっかけとなるヒントを提供することが重要なんだろうな」

　部長は立ち上がる。

「香坂に、オレから"若さをムダにするなと言われた"と言っておけよ。香坂なら、そう言えばわかるだろ」

「はい…」

「いいな、香坂に言っておけよ」

　部長は部長席に向かっていった。


　掛け算かぁ。この前、確定拠出年金の通知を見たら、少しだけど貯まってた。毎月の拠出金を月数にかけた金額。部長はそれを続けろって言ってる？　それって、白鳥先輩が言ってた、お金にお金をつくってもらうことになってるの？ "時間を自分の武器にして資産形成する"って、何？

　少しすると香坂さんが帰ってきた。

「お帰りなさい」

「うん、戻ったわ」

　香坂さんはスリープしてるPCを稼働させる。

「香坂さん、さっき部長が来て、香坂さんに、"若さをムダにするな"って言っておけって言われました」

「え？　何よ、唐突に」

　香坂さんは椅子を45度回転させて私の方に体を向ける。

「部長が？」

「香坂さんならそれでわかるって」

「ん？　ん？　何のこと？　私のこと？」

「いえ、香坂さんのことっていうより、私のことだったような気がします」

「だったらいっそう何のことかわからないわ。何よ、ちゃんと話して」

　ん…。

「あのぉ、白鳥先輩から聞いたこととか、よっちゃん…開発部の同期から聞いたことを話したら、若さをムダにするなって。香坂さんならそう言えばわかるって…」

「待って待って、わからないわ」

　部長、香坂さんならわかるって言ったのに…。

「白鳥さんや、開発部の同期って大村さん？　大村さんと何を話したの？」

　そう問い詰められると…えーっと…。

「白鳥先輩は、将来自分で会社をつくりたいって言って、オレ自身が資産だって言って…」

「何よそれ。話が見えないわ。大村さんは？」

「よっちゃんは、大学の研究室でお金が足りなくて実験できなかったって…」

「それ、どうつながるの？」

　ん…部長はわかってくれたのに…。

「ゴローちゃんは2人に何か聞いたわけ？」

「はい…えーっと、白鳥先輩には、将来の資産のこと考えてますか？　って聞きました」

「あぁ。それでiDeCoが出てきたのね」

「そうなんです」

「大村さんには何を聞いたの？」

「よっちゃんには、入社して2年なのに、老後とか、退職後の生活って言われてもわからないって言ったら、システム設計の話になって、大学の研究室での話になって、お金の準備はしておくにこしたことはないって言ってました…」

「途中の流れはサッパリわからないけど、要は、ゴローちゃんは、DC制度の目的である、老後の資産形成について、加入している社員がどんな意識でいるのか聞いてみたってことね」

　社員っていうか…意識っていうか…。

「それで部長は？」

「将来に備えるための資産をつくるっていうときの、ゴローの武器は時間だぞ、って…」

　香坂さんはようやくうなずいてる。

「そういうことね」

　ようやくわかってくれた。

「部長、他には何を言ってた？」

　他に？　えーっと…。

「掛け算」

「掛け算？　元本と利回りと時間のこと？」

「はい、それです」

「だいたいわかったけど…」

　香坂さんは、PC画面に向かって何か操作する。"これでいいのかしら"とか、"こういうことかなぁ"とか言いながら、一つファイルを選んだみたい。

「これなら、元本と利回りと時間の関係を感じられるかしら。今送ったExcelを開いて」

　送られてきたメールに添付されているのは、「積立試算」というファイル。

「この表を見て」

　うわっ。数字がいっぱい。


「年率リターン」っていうセルと20代とか30代とか年齢層ごとの「月々の積立金額」っていうセルがあって、その下に、「月数」と年齢層ごとの「積立合計金額」と「残高の試算」いうセルがある。

| 年率リターン | 月々の積立金額 | |
|---|---|---|
| | 20代 | 10,000 |
| 0.0% | 30代 | 10,000 |
| | 40代 | 10,000 |
| | 50代 | 10,000 |

| 月数 | 20代 | | 30代 | | 40代 | | 50代 | |
|---|---|---|---|---|---|---|---|---|
| | 積立合計金額 | 残高の試算 | 積立合計金額 | 残高の試算 | 積立合計金額 | 残高の試算 | 積立合計金額 | 残高の試算 |

「月々の積立金額に 10,000 って入っているのは、月々 10,000 円ずつ積み立てるってことを表してるの。利回りのセルは 0% って入ってるけど、どちらも数字を変えることができるわ」

スクロールすると、下のセルにはぎっしり数字が入ってる。

「20代の列を見て」

私の列。

「20代の 24 カ月、つまり 2 年たった時点の「残高の試算」のセルを見て」

「240,000 になってます」

私が見た通知の残高と同じくらい。

「そのまま下にいって、10 年のところは？」

「1,200,000 です」

| 20代 | | |
|---|---|---|
| 月数 | 積立合計金額 | 残高の試算 |
| 1カ月 | 10,000 | 10,000 |
| 12カ月<br>1年 | 120,000 | 120,000 |
| 24カ月<br>2年 | 240,000 | 240,000 |
| 120カ月<br>10年 | 1,200,000 | 1,200,000 |
| 360カ月<br>30年 | 3,600,000 | 3,600,000 |

「そうね。スクロールして、360 カ月、つまり 30 年では、10,000 × 360 カ月だから 3,600,000 になってるでしょ？」

30 年後かぁ。Excel の行のように年月が重なると 30 年後がくるんだ…。

「ゴローちゃんが、10,000 円ずつ掛けてるとするでしょ。このままずっと続けていくと 30 年後には 3,600,000 円。50 歳代のイメージが全然つかないでしょうけど、今も知らない間に少し貯まっていたように、その時になったら、きっと知らないうちに 3,600,000 円になってるってことになるんでしょうね。その時にはどんな生活になっているかどうかわからないけど」

知らない間に 3,600,000 円あったらうれしい。


「毎月のお金を 15,000 円にしてみると、もっと増えるわよ。当たり前だけど」

10,000 円のセルに 15,000 円を入れる。そうしなくても、その計算ならできる。

どの額も1.5倍になる。24カ月、2年のところは、240,000円ではなくて360,000円。5,000円違うと、2年で12万円違う。こうしてみると、毎月の違いが、年数が経つと大きな違いになるってわかる。私、最低の金額にしてた…。後悔。よっちゃんや部長にはお金ないって言ったけど…。よっちゃんは、ちょっと気をつけてみたら5,000円余ってたって言ってたし。

「香坂さん、DCって、途中で掛金の額を増やすことってできるんですか？」

| 年率リターン | 月々の積立金額 | |
|---|---|---|
| 0.0% | 20代 | 15,000 |
| | 30代 | 15,000 |
| | 40代 | 15,000 |
| | 50代 | 15,000 |

| 20代 | | |
|---|---|---|
| 月数 | 積立合計金額 | 残高の試算 |
| 1カ月 | 15,000 | 15,000 |
| 12カ月<br>1年 | 180,000 | 180,000 |
| 24カ月<br>2年 | 360,000 | 360,000 |
| 120カ月<br>10年 | 1,800,000 | 1,800,000 |
| 360カ月<br>30年 | 5,400,000 | 5,400,000 |

「できるわ。企業の状況によって違うから、まずはウチの会社での変更手続きを覚えて。商品の変更のこともね。それから制度自体のこともね」

　ウチの会社のことだけ覚えますっ。

「また10,000円に戻して、次は、「利回り」を0%から5%にしてみて」

　0%のセルを5%にする。Excelのセルが一斉に変わる。10年の残高試算を見ると…。24カ月、2年のところでは240,000円ではなくて251,588円、10年後では1,200,000円ではなくて1,543,632円になってる。34万円増えてる。私が掛けてる2年分より多い。30年後は、3,600,000円ではなくて…え？

「香坂さん、30年のところ、8,153,759円です。間違っていませんか？3,600,000円が8,153,759円なんてヘンですよ。400万円以上も違います」

「間違っていないのよ。月々10,000円ずつ積み立てて5%で運用をすれば計算ではそうなるの。時間の力なのよ。複利の力も含めてね」

「複利…ですか？」

「そうよ。単利ではなくて複利。預貯金でいうと、元本についた利息にも利息が付くってこと。ここでは、5％のその利益も5％で運用されるという試算をしてるの」

　複利…複利はスゴそう。

「仮に、ゴローちゃんが、月々10,000円ずつ30年積み立てることができて、5％の複利で非課税で運用したとすると、800万円の資産をつくることができたでしょ。30年ってことは、ゴローちゃんが50代になった時ってことよね」

　5％の複利がいい。

| 年率リターン | 月々の積立金額 | |
|---|---|---|
| 5.0% | 20代 | 10,000 |
| | 30代 | 10,000 |
| | 40代 | 10,000 |
| | 50代 | 10,000 |

| 20代 | | |
|---|---|---|
| 月数 | 積立合計金額 | 残高の試算 |
| 1カ月 | 10,000 | 10,000 |
| 12カ月 1年 | 120,000 | 122,726 |
| 24カ月 2年 | 240,000 | 251,588 |
| 120カ月 10年 | 1,200,000 | 1,543,632 |
| 360カ月 30年 | 3,600,000 | 8,153,759 |

「次に、もしゴローちゃんが、非課税の積立制度を利用して、積立額を増やすことができそうなら」

「できると思います」

「そう」

「どんなふうに増やしていけばいいんですか？」

「年齢層ごとの積立金額に、イメージできる金額を入れてみて」

「はい。私、なるべく働いていようと思ってるんです」

「そう。それは意外ね」

「はい。今そう思いました。みんなはどんなふうに積み立ててるんですか？」

「みんなそれぞれよ。だからゴローちゃんのスタイルでいいのよ」

　そう言われても、私のスタイルって…？

「今できそうかなって思う金額を入れてみて。例えば20代は10,000円、30代は15,000円に増やすとか」

「はい。そうします。40代になったら、また5,000円増やして20,000円にしてみます」

「そうね」

　セルに金額を入れてみる。

「ついでに50代も入れてみましょ。仕事をしていると仮定して、また5,000円足して25,000円にしてみましょうか」

「はい」

「60歳になった時の資産残高は？」

「え？　2,170万円です。大きな金額です」

「長い時間をかけて、月々積み立てることを続けていくと、大きな資産をつくることができるのね」

　資産を形成するって、私にもできることなのかな…。

「その数字を覚えておいて。ここから、ちょっと違う見方をするわよ」

　PC上の付箋のアプリに、数字を入力しておく。

「Excelのシートの、30代の人の列を見てみて。この人たちは、60歳

| 年率リターン | 月々の積立金額 | |
|---|---|---|
| 5.0% | 20代 | 10,000 |
| | 30代 | 15,000 |
| | 40代 | 20,000 |
| | 50代 | 25,000 |

| 20代 | | |
|---|---|---|
| 月数 | 積立合計金額 | 残高の試算 |
| 1カ月 | 10,000 | 10,000 |
| 12カ月 1年 | 120,000 | 122,726 |
| 120カ月 10年 | 1,200,000 | 1,543,632 |
| 240カ月 20年 | 3,000,000 | 4,829,861 |
| 360カ月 30年 | 5,400,000 | 10,954,597 |
| 480カ月 40年 | 8,400,000 | 21,702,964 |

| 30代 | | |
|---|---|---|
| 月数 | 積立合計金額 | 残高の試算 |
| 1カ月 | 15,000 | 15,000 |
| 120カ月 10年 | 1,800,000 | 2,315,447 |
| 240カ月 20年 | 4,200,000 | 6,858,883 |
| 360カ月 30年 | 7,200,000 | 15,031,477 |

になるまで30年。さっきと同じように、30代15,000円、40代20,000円、50代25,000円ずつ5%の運用とすると、30年後の残高試算は？」

「1,500万円です」

「60歳までに、2,000万円欲しいとすると、どうしたらいい？」

　えーっと、変えられるセルは…。

「利回りと積立金額のセルを違う数字にするんですか？」

「そうね。まず月々の額を変えてみて」

「はい。30代のうちから月々20,000円に増やしてみます」

　30代の積立金額を変える。

「香坂さん、1,700万円ですっ。足りないですっ」

「利回りを変えてみるとどう？」

「はい。6%にしてみますっ」

　リターンのセルを6%にする。

「香坂さん、2,000万円ですっ」

| 年率リターン | 月々の積立金額 | |
|---|---|---|
| | 30代 | 20,000 |
| 5.0% | 40代 | 20,000 |
| | 50代 | 25,000 |

| 30代 | | |
|---|---|---|
| 月数 | 積立合計金額 | 残高の試算 |
| 1カ月 | 20,000 | 20,000 |
| 360カ月 30年 | 7,800,000 | 17,079,334 |

| 年率リターン | 月々の積立金額 | |
|---|---|---|
| | 30代 | 20,000 |
| 6.0% | 40代 | 20,000 |
| | 50代 | 25,000 |

| 30代 | | |
|---|---|---|
| 月数 | 積立合計金額 | 残高の試算 |
| 1カ月 | 20,000 | 20,000 |
| 360カ月 30年 | 7,800,000 | 20,302,627 |

「40代の人で計算してみて」

「はい」

　自分で計算できる。Excelって便利。

| 年率リターン | 月々の積立金額 | |
|---|---|---|
| 5.0% | 40代 | 20,000 |
| | 50代 | 25,000 |

| 40代 | | |
|---|---|---|
| 月数 | 積立合計金額 | 残高の試算 |
| 1カ月 | 20,000 | 20,000 |
| 240カ月<br>20年 | 4,800,000 | 8,887,906 |

「60歳になるまでに20年ですね。積立金額は、40代で20,000円、50代で25,000円として、5%の利回りとすると、880万円です。足りません。6%にしてみます。980万円です。足りませんっ」

どうしよう。そうだ。

「利回りを7%にしてみます」

Enterキーを押す。

「うぅ…1,100万円です。まだ足りませんっ」

じゃあ…。

「40代から月々30,000円の積立ってどうでしょう？」

月々30,000円って入力して、Enterキーをたたく。

「あぁ…1,500万円です。香坂さん、まだ足りませんっ」

「もういいわ、ゴローちゃん」

このExcel、楽しい。けど…。

「50代の人でも計算してみますっ。60歳になるまで10年です。ん…10年では厳しいでしょうか？」

「それがわかったなら、もういいわよ」

「いいえ、もっと試算してみますっ。30,000円ずつ10年間積み立てると、7%では…510万円です。足りませんっ。積立金額を40,000円にしてみます。それから利回りももっと高くして、10%にしてみますっ」

Enterキーを押す。

「うぅ…800万円です…」

第2章 将来の資産をつくる

「Excelはもういいわよ」

　もっと計算したい。

「つまりね、期間が短くなると、欲しい金額に到達するには、月々の積立額も高くしないといけないし、高い利回りが必要になるの」

　うん、うん、わかる。

「ともかく、早く始めると、期間、つまり時間があるから、少ない金額で続けることができるの。ゴローちゃんなら、今から、月に10,000円や20,000円で30年くらい積み立てると、利回りによるけど、かなりの資産ができるでしょ？資産をつくるには、時間が何よりの味方になるの。部長はそれを言いたかったんじゃないかしら」

「香坂さん、私、5％か6％のコースにしたいです」

「そんなコースはないのよ。それは商品の選択にかかってくるの。そういうことを説明会で説明したはずなのよ。資料を見直してごらん。それにDC通信や『社内報』でも説明してるのよ。もぉ！」

　読むのもいいけど、Excelの方がいい。私の10年後とか20年後とか30年後とかにいくらくらいの残高になるのかわかるもん。それに、自分が何をしてるのかわからないけど、10年後や20年後や30年後はくるんだなぁって思う…。このくらいの資産を自分でつくれるならいいなって思う。

「ところで、部長とこの話になったのはどうして？」

「部長が、香坂はどこにいる？　って探しに来て——」

　それで香坂さんの椅子に座って…って言おうとしたら、

「そうなの？　それを先に言って！」

　って慌てて立ち上がって部長席に早足で向かって行った。

# 将来の資産をつくる

## 1 ｜ 複利、72の法則

　利息の計算方法には、「単利」と「複利」があります。常に元本にのみ利子が付く計算は「単利」、元本と利子の合計額、すなわち利子にも利子が付く計算が「複利」です。

　例えば、100,000円を年率5%で3年間「単利」で運用した場合と「複利」で運用した場合の3年後の元利合計結果はこのようになります。

（単利）元本×（1＋年率×年数）
　　　100,000 ×（1＋0.05×3）＝115,000

（複利）元本×（1＋年率）年数
　　　100,000 ×（1＋0.05）$^3$＝115,763

　単利と複利では、763円の違いが生じます。

　「複利効果」は、よく"雪だるま"に例えられます。雪のかたまりを、コロコロ転がしていくと、雪に雪が付いていくようなイメージです。投資においても、得た利益を再投資することでさらなる利益が生まれ、「複利効果」を得られます。短期運用ではそれほど大きな差にはなりませんが、投資期間が長くなればなるほど、複利の効果は大きくなります。

　上記の、100,000円を年率5%のケースで、20年運用した場合の、「単利」と「複利」の差を比べてみます。

（単利）100,000 ×（1＋0.05×20）＝200,000
（複利）100,000 ×（1＋0.05）$^{20}$ ＝265,330

単利と複利では、65,330円の違いが生じています。

　このように、複利効果は長期投資とも関連します。時間は、投資の大きな味方で、複利効果も長期投資によって大きくなるといえます。

　そんな複利効果と時間の関係を端的に表す法則があります。「72の法則」といいます。資産運用において元本を複利で２倍にするときのおおよその年数と利率が簡易に求められる法則です。72÷Ａ＝Ｂ　という数式のＡに複利の利率を当てはめると、Ｂの数字は元本がほぼ２倍になる年数を表します。


　3%で２倍にするためにかかる年数

　　　　72÷3%＝24年

　5%で２倍にするためにかかる年数

　　　　72÷5%＝14.4年

　10年で２倍にするために必要な利回り

　　　　72÷Ａ＝10年　　　Ａ＝72÷10＝7.2%

　20年で２倍にするために必要な利回り

　　　　72÷Ａ＝20年　　　Ａ＝72÷20＝3.6%


　坂道を登る場合、一定のスピードで登るとしたら、当然ながら先にスタートした方がより高いところまで早くたどり着きます。後からスタートした人が先行の人と同じ場所に同じ時間にたどり着くためには、より速いスピードで登っていかなければなりません。そのことを資産運用で考えた場合、どのような差が出るのでしょうか。「72の法則」に基づき、仮に5%で運用を行った場合を考えてみます。

　仮に30歳の人がそれまで蓄積した500万円をおおむね年金受給開始時まで手を付けずに運用した場合、72÷5＝14.4で、14.4年ごとに元本が倍になるため、44歳頃で1,000万円、58歳頃で2,000万円になります。

　つまり、退職までに2,000万円を目標にした場合、30歳の人は元本を500万円でスタートできますが、44歳の人は元本を1,000万円用意するか、より利回り

の高い運用をしなければ目標に到達できません。運用期間が短ければ、多くの元本を運用しても利回りを高くしなければ目標額が少なくなってしまいます。これが資産運用における遅延の代償です。資産運用を始めるのであれば早いにこしたことはありません。

　なお、「72の法則」の公式はインフレの怖さを知る場合にも使えます。一定の割合でインフレが進んだ場合、お金の価値が半分になるには、おおよそ何年かかるかを計算できます。例えば、インフレ率が2%の場合、まったく運用を行わなければ、お金の価値が半分になるには72÷2＝約36年ということになります。

　資産の蓄積で注意すべきことの一つは、その運用率が物価上昇率に負けないようにすることです。例えば、現在100万円の価格であるものが、20年後に2倍の200万円に価格が上昇していた場合、現在資産が2倍に増えていたとしても、実質の資産価値は変わらないことになります。逆に2倍以下の場合、「実質価値の下落」を防ぐには、その期間に2倍以上になる平均利回りが必要になります。そこで、運用の目安を探る方法として、72の法則を運用の目安とすることができるのです。

## 2 | Excel複利の積立計算

　毎月積み立てる場合の資産額の目安を、エクセルでカンタンに試算することができます。

　いろいろな方法が考えられますが、一つの方法として、例えばこのような表で試算する場合、次のように計算できます。

　＜年率リターン＞と＜月々の積立金額＞（太字のセル）を入力することで月々の残高を試算できます。

　＜年率リターン＞（rのセル）は、％表示にしておくと便利でしょう。「セルの書式設定」→「表示形式（分類:パーセンテージ）」を選択しておきます。

|  | A | B | C | D | E | F |
|---|---|---|---|---|---|---|
| 1 | 年率リターン | | 月々の積立金額 | 月数 | 積立合計金額 | 残高の試算 |
| 2 | | ●歳～●歳 | a | 1カ月 | a' | e |
| 3 | r | ●歳～●歳 | b | 2 | | f |
| 4 | | ●歳～●歳 | c | 3 | | |
| 5 | | ●歳～●歳 | d | 4 | | |
| 6 | | | | 5 | | |
| 7 | | | | 6 | | |
| 8 | | | | 7 | | |
| 9 | | | | 8 | | |
| 10 | | | | 9 | | |
| 11 | | | | 10 | | |
| 12 | | | | 11 | | |
| 13 | | | | 12カ月 1年 | | |
| 14 | | | | 13 | e | |
| 15 | | | | 14 | | |
| 16 | | | | 15 | | |
| 17 | | | | 16 | | |
| 18 | | | | ⋮ | | |

　＜月々の積立金額＞のセル（（A2～A5）（＝a～d）には、何歳の時にはいくらずつ積立するのかを入力します。


　＜積立合計金額＞の１カ月目のセル（E2）（＝a'）には、セル（C2）（＝a）の金額が反映されるように、【＝$C $2】と入力します。

　２カ月目の積立金額合計は、１カ月目の積立合計金額に２カ月目の積立金額を足した値となります。セル（E3）には【＝E2＋$C$2】と入力します。

　あとは、セル（E3）からセル（C2）の金額で続ける月までドラッグ（オートフィル）します。

　もし、途中で月々の積立金額を、例えばセル（C2）（＝a）の金額からセル（C3）（＝b）

の金額に変更するとします。仮に1年経過した13カ月以降から変更する場合は、セル（E14）（＝e）に、

【=E13+$C$3】と入力します。

そして、bの金額で積み立てる月までドラッグします。cやdに変更する場合は同様に変更します。

<残高の試算>の1カ月目のセルeには、まず月々の積立金額が反映されるように設定します。例えば（C2）（＝a）の金額ずつ積み立てる場合は、それが反映されるように【=$C$2】と入力します。

2カ月目は、1カ月目に積み立てた金額がrの値で1カ月運用された結果に2カ月目の積立金額を足した値となります。例えば2カ月目のセルがF3（＝f）とすると、そのセルには、

【=F2*(1+$A$2)^(1/12)+$C$2】　と入力します。

^が複利であることを示します。この式の意味は、

＝積立金額×（元本金額＋年率リターン）の1カ月複利＋月々の積立金額です。

3カ月目以降は、積立金額が変わる前月までそのセルをドラッグします。bの金額に変更する場合は、式の$C$2のところを$C$3に変更し、bの値で固定します。

## 3 人的資産

金融資産を蓄えていくとき、時間は強い味方ですが、「人的資産」も時間を味方にできる面があります。

人的資産とは、働くことによって将来得られるであろう収入の総額を意味します。例えば、今、20代の人がこれから40年くらい働いて、平均年収500万とすれば、40年の総額は、500万×40年＝2億円　となります。つまり、今、持っているお金ではなく、これからどのくらいのお金を働いて得られるかという金額です。

図のように、若いうちは、金融資産は少なくても人的資産は大きく、時間の経過

とともに、将来得られる収入の総額（人的資産）は減っていき、逆に金融資産が積み上がっていくことになります。人的資産が金融資産に替わっていく、とも、人的資産を元手にして金融資産を増やしていく、ともいえるでしょう。

　自分に投資をしてそれを継続し、自身の人的資産を大きく（稼げる収入を大きく）、また、長持ちさせる（働いて収入を得る期間を延ばす）ことも、将来の資産設計の上では大切なことでしょう。

【イメージ図】

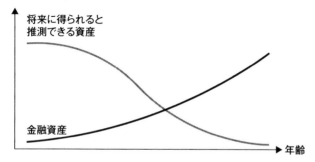

ゴローちゃん
DC
担当になる

第 3 章

リスクとリターン

「ゴローちゃん、今日は、運営管理機関の木下さんと、投資信託の運用会社の方がいらっしゃるの。今、ウチのDCのラインアップに加える商品の検討をしているのよ。それで、運用会社のYZアセットの方から2回目の提案書をもらうの。ゴローちゃんにも打ち合わせに入ってもらうわ」

「はい」

　何の打ち合わせなのかはわからないけど、部長が外部の方との打ち合わせに出るように言ってたからそうする。

「YZアセットさんは、石谷さんっておっしゃる方よ」

　投資信託の運用会社って何なのかまでは部長は教えてくれなかった。

「木下さんも初めてだったかしら」

「はい」

　香坂さんにかかってきた電話をとったことはある。その時、木下さんは「NM銀行の木下です」って言ってた。香坂さんは「運営管理機関って確定拠出年金の制度の運営をする金融機関で、主に銀行や証券会社が担っているの。ウチの運営管理機関は、NM銀行さんなのよ」って言ってた。会うのは初めて。


　人事部のフロアのエレベーターのところで香坂さんと一緒に待ってると、エレベーターの扉が開いて、男性が2人出てきた。小柄で色白で静かそうな若い男性と、その後ろからもう1人男性が出てきた。メガネをかけてて、ウチの松田部長より背が高くて、そして、大きい。

「あー香坂さん。いやぁ、本日はお時間いただいてありがとうございます」

　低くて大きな声で丁寧なあいさつをする。会議室にご案内して、香坂さんが私のことを紹介してくれる。

「石谷さん、今度、人事課に異動してきた稲垣です」

「あーそうですか。YZアセットの石谷です」

　私が差し出す名刺を受け取ろうとする石谷さんは、だいぶ前かがみになって

くれる。私は名刺を持つ手を少し高い位置にする。私の名刺を見て言う。

「稲垣さん、ですね。初めまして。いやぁどうぞよろしくお願いします。今日はお時間いただいてありがとうございます」

　私にそう言われましても…と心の中で思いながら、

「いえ、どういたしまして」

　と答えて振り返ると、立ったままでいる香坂さんの顔が少し怖い。

「木下さん、私と一緒にウチのDCを担当します稲垣です」

　と言って、木下さんとも名刺交換するように目で促す。

「稲垣と申します。いつも大変お世話になっております」

　初めて会う人にも、"いつもお世話になっております。"って言うことにはもう慣れた。

「NM銀行の木下でございます。いつもお電話で失礼いたしております。改めましてどうぞよろしくお願いいたします」

　木下さんは静かな雰囲気。銀行の人っぽい。

　石谷さんは椅子に腰かけても大きい。YZアセットのサイトをちょっと見たけど知らない言葉がいっぱい並んでた。そもそもアセットって何だっけ？　って思うと先に進めないし。金融って難しいし、専門用語が硬いし、冷たい感じなんだもん。でも、目の前にいる石谷さんは、金融の人っていうより…大きな…クマさん？

「御社のDCラインアップに、弊社の商品を加えていただくご検討をいただきましてありがとうございます。提案書を一部修正しましたので、改めて持ってまいりました」

　きれいにファイリングされた資料を香坂さんが受け取る。

「この資料のご説明の前に、今日は、初めて稲垣さんにお会いしましたから、弊社のご紹介をさせていただきたいと思いますがよろしいですか？」

「それはご丁寧にありがとうございます」

香坂さんが応える。

　プーさんが私の方を見る。なんか緊張しちゃう。

「弊社は投資信託の運用会社でございます」

　と言って、YZアセットさんの歴史とか、たくさんの資産を運用していることとか、グループにはいろんな会社があって研究機関もあることとか、資産運用のいろいろな調査をしていることとかを話してくれた。

「いやぁ、私はこの確定拠出年金をより良い制度にするために、いろいろな機関に出向いて働きかけをしています。一つの変更が、長期にわたる資産運用に大きな影響を与えますから」

　香坂さんが隣から質問する。

「それは特にどのような点ですか?」

「はい。一つは、拠出する金額を上げることです。日本は、他の国と比べると、拠出できる金額がまだ少ないですからねぇ。確定給付年金や他の制度との兼ね合いがありますが、徐々に引き上げられています。私は、個人的には、私的年金部分は確定給付年金より確定拠出年金が多い方がいいのではないかと思っています」

「一人ひとりが自分にあった資産形成をしやすいということですか?」

「香坂さん、おっしゃる通りだと思います」

　いつの間にか、プーさんと香坂さんの会話になってる。木下さんはずっと静かにしてる。

「それから、なるべくリスクをとってもらいやすいような制度にすることが重要ではないかと思っています」

　"リスクを取る"?

「そうですね」

「日本ではリスク性商品を持つことに抵抗感を持つ人も多いですし、それに、やはり国民の福利厚生として、企業が面倒を見る、という考え方がベースにあ

りそます。それを完全に個人に転嫁するというのは、無責任だし個人の負担が大きすぎるという考えもありますね」

　個人に転嫁？　転嫁って、責任転嫁の転嫁？　いっそう怖い話になってきた…。

「私は、個人的には自分のことは自分で決める方が、良い結果を生み出すことが多いと思っていますが、それには会社のバックアップが絶対必要だと思っています」

　私は転嫁されたくない…。

「豊かな老後を迎えるためには資金の準備がいちばん重要です」

　時間のある若いうちなら、少ない金額で大きな資産をつくることができるって、私は知ってる。

「稲垣さんは、いつからDCのご担当になられたんですか？」

　ちらっと香坂さんを見ると軽くうなずいてる。答えていいってこと？

「この4月です」

「そうなんですか。社員の方々のセカンドライフを支える立場になられたんですね」

　セカンドライフ？　また新しい言葉だ。

「社員の皆さまに対する確定拠出年金の継続投資教育の充実は、御社にとって、重要な課題ではないでしょうか。社員の皆さまが安心してセカンドライフを送れるようになれば会社に対するロイヤルティーも上がりますからね」

　ん…プーさんはウチの会社のことを心配してくれてるの？

「いやぁ、稲垣さんにもこれからお世話になります。弊社でよろしければ何でも聞いてくださいね。われわれも稲垣さんのように若い方々のご意見を伺ってみたいですしね」

　香坂さんが即座にプーさんに答える。

「いえいえ、稲垣はまだ異動してきたばかりですから」

　プーさんが私に笑顔を向けてくれる。

「僕もこの仕事を始めた時は、わからないことばかりでしたよ。どうぞ何でも聞いてください」

　香坂さんが小さな声で

「何かある？」

　って聞く。では…、

「さっき、リスクを取るっておっしゃってましたけど、危ないお話なんですか？」

「え？」

　プーさんは一瞬固まったみたいだった。その様子を見て香坂さんが慌てる。

「すみません、異動してきたばかりで」

　プーさんにすぐ笑顔が戻って手を左右に振る。

「いやいや、いいんです。重要なことです。リスクというと不安に感じられますよね」

　プーさんは察しのいい人だ。

「はい。あのぉ、ウチの会社には、システム開発部という部署があるんです」

よっちゃんがいる部署。

「その中には、リスクマネジメントチームがあります」

　よっちゃんは開発チーム。

「そのチームは、システム障害を起こした時の対応とか、開発のプロジェクトにマイナスな影響がある時のために仕事しています」

　香坂さんが軽く手を動かす。何のサイン？

「なるほど。稲垣さん、続けてください」

「はい。リスクって障害なので、障害のある商品がどうして将来に備えることができるのかなぁって…」

　視界に入る木下さんが、少しうなずいてるように見える。

「なるほど…」

　プーさんから笑顔がなくなってる。その様子を見て、香坂さんがちょっと慌てた感じで言う。

「稲垣はこれから勉強しますので…」

「いえいえ、香坂さん、これは重要なことだと思います。われわれは、われわれの世界の言葉遣いを押し付けようとしていたのかもしれません。それでは多くの方に、初めに壁をつくってしまう」

　しばらく静かな時間が流れる…。

「あのぉ」

　木下さんが、プーさんや香坂さんの顔をうかがいながら初めて口を開く。

「英語で危険という言葉がいくつかあります。"リスク"の他に、"デンジャー"という英語があります。"デンジャー"の語源は、"強い権力の支配下"のようで、強い力によって生命を脅かされるような、コントロールできない危険を意味します」

　プーさんは、軽くうなずいてる。

「それから、システム障害の"障害"は、オブスタクルといって、"邪魔をする

もの"というのが語源です」

　"うん、うん"と、プーさんと香坂さんの、声になってない声が重なって聞こえる。

「"リスク"は、船乗りを指す言葉が語源のようです。石谷さん、確か、勇気を持って試みるとか、挑戦する、という意味でしたよね。個人的な印象ですが、"リスク"には、コントロールする、あるいはコントロールできる、というイメージがあります。同じ"リスク"を表す言葉も、その語源をたどるとイメージが違うと思いますがどうでしょう？」

「木下さん、さすが詳しいですね。われわれの投資理論の世界では、リスクは"変動の幅"のことを意味します。"可能性の幅"とでも言いましょうか」

　木下さんは、自分の出番は終わったかのように、また静かになる。で、"リスク"は怖いんでしょ？　怖くないの？　プーさんが説明を再開する。

「例えば、預貯金の場合は、決まった利率があって、それ以上にもそれ以下にもなりません。これは、預貯金をする側にとっては"リスクがない"といいます。こちらに書いてみます」

　プーさんはカバンの中からノートとペンを取り出す。

「例えば、株式のように価値が変動する金融商品の場合で、今100円の価格が、50円になることも150円になることもあるという場合、この50円から150円の幅を指して"リスクがある"、といいます」

　と言いながら線を書いて見せてくれる。

「この幅が、80円から120円の場合は、50円から150円の場合に比べて"リスクが小さい"といいます」

　2本の線の角度の違い？　プーさんは少し太い真っすぐな線も引く。

「リスクがゼロの預貯金がこの線です。リスクが中程度のもの、リスクが大きいもの。このリスクの大きさによって、リターンが違うわけです。振れ幅の問題なのでリスクがなければリターンもない、逆にリターンが大きいということ

は、リスクも大きいんです」

　リスクが大きいとリターンが大き
くなる…？　でも、リスクが大きい
と損することもある…？

「つまりですね、"リターンの源泉
はリスク"なんです。真の源泉は実
体経済活動ですが」

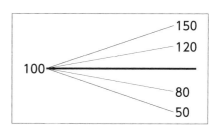

　ん…わからない。

「稲垣さん、ライフサイクル上の長い期間、20年とか、稲垣さんでしたら30
年以上あるわけで、じっくり資産形成ができます」

　それは知ってる。香坂さんが見せてくれたExcelで何度も数字を変えてみた。
ひとりでもExcelを操作してる時、部長が通りかかって、「おっ、"シミュレー
ション"してるのか」って言ってた。そう、私はシミュレーションをしたから
知ってる。40代や50代の人に比べて、20代や30代の人は時間があるから、
少ない金額の積立で大きな資産をつくることができる。5%とか6%とか8%
とか、年率リターンの数字を変えると、どんどん残高が大きくなった。私も
5%とか8%とかのコースにしたい。それにはどうしたらいいんだろ？

「資産形成において適切なリスク・リターンを獲得することで、不確実な将来
に備えることができるんだと思います」

　ん…プーさんは、リスクとリターンをセットにして話してる？

「あ、またわれわれの常識で語ってしまいましたね」

　プーさんは頭に手を置く。

「いやぁ、稲垣さんのお話を聞いて、リスクの意味を知っていただくことは、
極めて重要なことだと、改めて思いましたよ」

「あのぉ」

　木下さんがまた口を開く。

「次のDC通信でリスク許容度を取り上げる予定です」

「木下さん、それはいいですね」

　この木下さんがDC通信作ってるのかな。

「出来上がりましたらお送りします」

「ありがとうございます。稲垣宛てに送っていただけますか?」

　香坂さんが言う。

「承知しました。YZアセットさんとの次回のお打ち合わせと、それから、次の加入者状況説明会もそろそろ日程調整をさせてください」

「そうですね。ウチの部長も同席しますので日程の確認をしておきます」

　そんなやりとりがあって打ち合わせは終わった。


　プーさんと木下さんをお見送りして席に戻る。ちょっと香坂さんには話しかけづらい雰囲気。

「ゴローちゃん」

「はい…」

「あのね、金融商品に"リスクがある"というと、それは"元本が減ること"のように思われがちだけど、投資の世界では、リスクって、将来に起きる結果の不確実性を意味するのよ。将来の期待リターンが不確実ってことなのよ。これを見て」

　ちょっとプリッとした感じで香坂さんは引き出しを開ける。うわっ、本がいっぱい。その中から一冊を取り出して、ページをめくって差し出す。

「例えば、ある資産の価格がこんなふうに変動したとするでしょ。この線は、価格の変動を示しているの。この変動の割合のことをリスクっていうの」

　香坂さんはそう言ってリスクと書かれた矢印を指さす。

【リスクの小さい運用のイメージ】

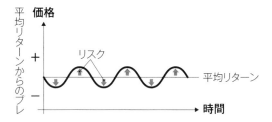

「こっちの図は、さっきの図より、価格の変動を表す線の波が大きいでしょ」

【リスクの大きい運用のイメージ】

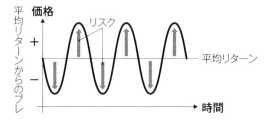

「これは、収益の変動の振れ幅が大きいってこと。さっきの図の資産よりも、こちらの方がリスクが大きいの」

　プーさんも振れ幅って言ってた。

「"高いリターンを得る機会がある"ということは、"値動きの幅が大きい"ということなの」

「はい…」

「ゴローちゃんのイメージは、下のこと、つまり、マイナスになることしかイメージしていないんじゃないかしら。でも、金融商品の収益の変動の振れ幅が大きいとか小さい、つまりリスクがあるというのは、上も下も含むのよ」

　上も下も?

「投資の世界でリターンが高いものは、変動の幅が大きくて、それは、リスクが高いってこと。そして元本を割れる可能性も高いっていう関係」

　ここがわからない。元本を割れる可能性が高いって損するってことなのに、リターンが高いっていう逆のことを一緒に言ってる。

「投資の世界でリスクって、将来の期待リターンが不確実なことよ。もっと言うと、期待しているリターンが予想通りに得られない可能性、とも言えるわ」

　高いリターンを期待していても、予想通りにはいかないこともあるということ？　私は確実なものがいい。元本が減る心配がなくて、Excelのシミュレーションの通りに5％とかで増えるもの。今の流れで言うとすれば…えーっと…。

「リスクがなくてリターンが高いもの、がいいです」

「ゴローちゃん」

　香坂さんは開いてた本を閉じる。

「そういうものは、ないのよ」

　ない？

「香坂さん、Excelでシミュレーションしましたけど」

「一定のリターンで試算したものよ。途中に資産額の変動があるわ。決して、月々あの通りに確実に増えていくことを意味しているわけではないの。確実に5％や6％ずつ増えていくものはないのよ。それは覚えておいて。あのね──」

　香坂さんは、ボールペンを手にしてからキョロキョロしてる。Excelシートをプリントアウトした紙を裏返して香坂さんに差し出した。

「ありがとう。イメージではあるけど、こんなふうに、リスクとリターンの程度が違うの（上の図）」

　預金が左の下の隅っこの方にある。

「今は金利が低くて、預貯金の金利がほぼゼロであることは知ってるわよね？」

　それは知ってる。

「ゴローちゃんが言ってるのは、この部分のことよ」

左上のあいてるスペースに二重マルを書く。そして、左下から順にペンで指してく（中の図）。

「預金は、変動がなくてリターンが低い。その次に、債券の期待リターンとリスクが高くて、さらに株式は、期待リターンとリスクが高いの。債券とか株式は、貯蓄の延長線上のものであって、まったく別物というわけではないの」

「香坂さん、YZアセットさんの、えーっと…」

「投資信託ね。投資信託は、債券や株式を組み合わせたものよ。この図でいうと、この辺りかしら」

　香坂さんは、債券と株式の中間辺りにマルを書く（下の図）。

「ともかく、世の中には、リターンが高くてリスクが低い、といった金融商品はないの」

「どうしてですか？」

「"どうして？"そうねぇ…」

　香坂さんは頬に手をあてて考えてる。

「もし、リターンが高くてリスクが低い金融商品が本当にあったら、ゴローちゃんならどうする？」

「私、それを選びます」

「そうね、私もそうするわ。きっと誰もがそれにお金を投じるわ。でもみんな

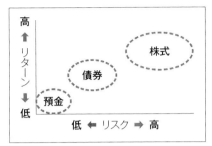

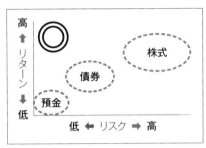

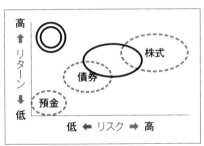

が一斉に投資すれば、その金融商品の価値はどうなる？」

　価値…？　みんなが欲しいってことは、

「価値は…上がります」

「そうよね。価値が上がるってことは、その金融商品の価格が上がるってことになるの。将来に戻ってくるお金が変わらないなら、価格が上がってしまうと、リターン、結果として得られる利益は低くなるのよ」

　ん…。

「反対に、リターンが低くてリスクが高ければ、誰もお金を投じないから、価値は？」

「低くなって、えーっと価格は下がります」

「将来に戻ってくるお金が変わらないなら、価格が下がれば？」

　えーっと、価格が下がるから…。

「結果として得られる利益は高くなる…？」

「そういうことになるの」

　ん…。

「だからね、結局リスクの低いものはリターンも低くて、リスクの高いものはリターンが高くないと、つりあいが取れないの」

「つりあい…ですか？」

「均衡しないってことよ。結果として、だいたいこんな右肩上がりのイメージ図になるの」

　ん…。

「このイメージ図で、ここにある預金と債券と株式、それから投資信託の違いを、期待リターンやリスクが高いか低いかの違いで捉えてほしいの。もっと言えばね、“元本が減らない預金か”、それとも“投資か”って、切り分けて捉えるのではなくて、そうね、預金は“守りの運用”で、投資は“攻めの運用”って言えばいいかしら。どちらも資産運用であることに変わりはないの」

攻め…？　よっちゃんが言ってたことを思い出す。"お金のことは、漫然と
その時を待つのではなく、"攻めていく"とか"挑戦"とか、"虎視眈々と"計画
を立てるのがいいんじゃないかなって言ってた。

「香坂さん、将来に備えるって、こういう右側にあるものに投資するってこと
なんですか？」

「そうね、長期的な資産運用は特にね」

　ん…香坂さんは続けて言う。

「30年とか40年とかの長期的な資産運用の前提に立てば、ある程度リスクは
許容できるから、左下のレベルにとどまらないでいてほしいの」

　"許容"？　さっき木下さんが次の号にそれを書くって言ってた"リスク許
容"？　リスクを許す？？

「今、知ってほしいのは、期待リターンとリスクの違いのイメージ」

　ん…余計に難しくなると思うけど、思い切って聞いてみる。

「その"期待リターン"って、どうやってわかるんですか？」

「期待値の公式のこと？」

　そうじゃなくて…。

「あのぉ、私、宝くじを買う時も、"1億当たったらいいなぁ"って思って期待
します」

「宝くじの期待値だって同じ公式よ。1億の宝くじの期待値ってとっても低い
のよ。ゴローちゃん、宝くじ買うの？」

　さっきの図の中に、宝くじはないのかどうか聞けないまま、香坂さんの宝く
じの説明が続いた。宝くじの300円という販売金額は、期待値をたくさん超え
ているらしい。香坂さんは、夢を買うことはないみたい。

# リスクとリターン

## 1 | 「リターン」とは「リスク」とは

　「リターン」とは、預金や証券への投資などの金融取引によって得られる利益のことを指します。英語の「return」は「返す」ことを意味するように「見返り」という意味合いになります。では、何の見返りかと考えれば、「お金を一定期間手放すこと」に対する見返りといえるでしょう。預金であれば、「利息」が、一定期間、銀行等に「貸す」ことの見返りになります。国債に代表される債券の「利息」も、一定期間、債券を発行した国などにお金を「貸す」ことの見返りになります。株式に投資した場合は、それを元手に企業が活動して得た収益の一部である「配当」や、市場で取引（売買）した場合は「値上がり益」が見返りになります。

　金融取引での「リターン」は、一般に一定の期間「率（％）」で表され、多くは1年当たりで示されます。預金や債券のように、あらかじめ利率が確定し、満期時に受け取る金額が確定しているものと、株式などのように、これから投資する元本が、将来いくらになるか確定しないものには、大きな違いがあります。それは、「リスク」です。「リスク」とは、金融取引においては、「将来に対する不確実性」を指します。言葉が持つ"危険"のイメージから、不確実なことのうちの不都合な可能性のイメージで捉えられがちですが、プラスである利益もマイナスである損失も併せた「不確実性の度合い」や「リターンの変動の幅」を意味します。リスクもリターン同様、「率（％）」で表されます。

　世の中に、不確実なことはさまざまに存在します。最たることは、人がどのような人生を送ることになるのか、でしょうか。本人自身もなかなか予想がつかないものです。そうした不確実性の他にも次のような不確実性があります。コインを投げた時に表が出る確率（2分の1）や、サイコロを振った時に「1」が出る確率（6分の1）は、事前に予測ができる不確実性です。

　その他に、過去のデータから、統計的に予測できる不確実性があります。多くの

データから、その確率の一定の範囲が推測できる不確実性です。例えば、ある病気にかかる確率や人の寿命は、多くの過去のデータから一定の範囲が示されます。わからない将来のことを、人々は過去のデータから判断します。投資における不確実性は、これに近いものといえます。過去のデータの実績から、リターンの不確実性が推計されます。資産形成における主な投資対象となる株式や債券のリターンとリスクは、過去の実績から、今後予想されるリターンとリスクとして推定されます。

　例えば、このグラフを見てください。

【30年間の世界の株式の変動】

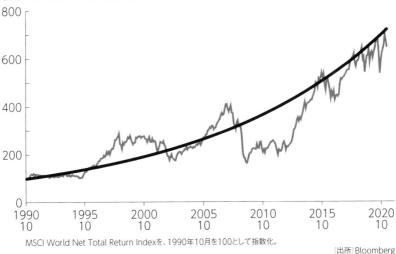

MSCI World Net Total Return Indexを、1990年10月を100として指数化。

(出所) Bloomberg

　薄い折れ線は、日本を含む世界の主な国々の株式市場の、1990年から2020年までの30年間の実際の値動きです。100の価格から700という価格になりました。30年間の「リターン」は複利計算で年率約6.6％でした。

　濃い曲線は、確実に年率6.6％の複利で運用される場合の価格の変化を表しています。濃い曲線に比べて、薄い折れ線は、価格の変動の幅が大きくなっています。この薄い折れ線の変動の割合が「リスク」を表しています。統計学の言葉では「標準

偏差」といいます。この薄い折れ線の「リスク」の値は、17.4%という値です。濃い曲線のリスクの値はゼロです。

次のグラフの薄い折れ線は、世界の主な国々の債券市場の、実際の値動きです。100の価格から390の価格に変化しました。30年間のリターンは、複利計算で年率4.6%でした。

**【30年間の世界の債券の変動】**

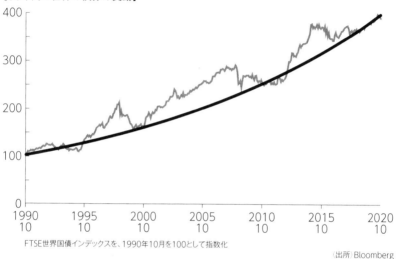

FTSE世界国債インデックスを、1990年10月を100として指数化

(出所) Bloomberg

濃い曲線は、確実に年率4.6%の複利で運用される場合の価格の変化を表しています。この線に比べて、薄い折れ線は価格の変動があります。変動の幅がリスク(=標準偏差)です。こちらの値は7.64%です。

世界の株式と世界の債券のリスクとリターンを

**【リスク・リターン】**

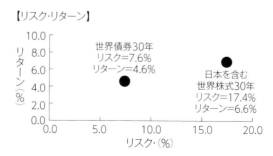

同じ座標軸の中に表すと図のようになります。

## 2 | 「リターン」と「リスク」の関係——「収益性」と「安定性」のトレードオフ

「リターン」を「収益性」とし、それを得られる確実性を「安定性」とすると、投資において「収益性」と「安定性」は、過去の統計から見て、「トレードオフ」の関係にあります。「トレードオフ」の関係とは、何かを得れば何かを失う関係です。

　予想されるリターンが高い金融商品はリターンの変動が大きく（＝リスクが高い）、予想されるリターンが低い金融商品はリターンの変動が小さい（＝リスクが低い）という関係です。この予想のことを「期待」と呼びます。

　別の表現をすれば、高い期待リターンを求める場合は、リターンの変動の幅が大きい（リスクが高い）ことを受け入れることが必要であり、受け入れられるリスクを低く抑える場合は、期待リターンは低下する、ということになります。金融商品の性質として、期待リターンが高くリスクが低いことは成立せず、リスクを受け入れることなく高いリターンを得ることはできません。この、「期待リターンが高ければそのリスクも高く、期待リターンが低ければそのリスクも低い」ことは、過去の実績から見てとれることです。

　次ページの図は、過去の実績から、その関係をイメージ図に表したものです。

　期待リターンが低い商品はリスクも低く、期待リターンが高い商品はリスクも高いことを簡単に示したものです。

　誰もが望むのは、図の左上に位置する、リターンが高くてリスクは低い、すなわち、安定して高いリターンが得られる、「安全性」と「収益性」を共に得られる金融商品でしょう。なぜ、そのような金融商品は存在しないのでしょうか。

　もし、図の左上のＡの位置にある金融商品が存在すれば、誰もがその商品に投資しようとするでしょう。それによってその商品の価格は即座に上がります。将来推測される価格が変わらないとすれば、投資時点の価格が上昇してしまうことで、得

られる利益は低くなります。つまり、期待リターンが下がります。図の位置は、A'
の辺りに下がることになります。

　反対に、右下に位置する、リターンが低くてリスクが高いBの位置にある商品に
は、誰も投資しないのではないでしょうか。すると、価格は即座に下がります。将
来推測される価格が変わらないとすれば、結果として得られる利益が高くなる、つ
まり、期待リターンが上がります。図の位置は、B'の辺りに上がることになります。

　結果として、リスクとリターンの関係は、点線の矢印に収斂され、そこで均衡が
保たれることになります。

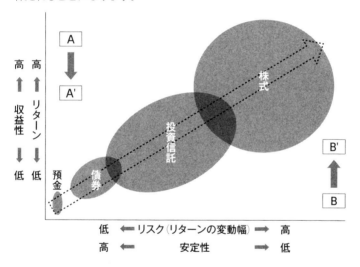

　ただ、後から振り返ってみれば、リスクが高ければリターンも高いとは限りませ
ん。右ページの図の右下のように、例えば、過去30年間の日本株式と世界全体の
株式を比較してみると、リスクは世界の株式と同程度に大きかったものの、30年
間の平均リターンは世界の株式を大幅に下回っています。リターンが高ければリス
クが大きいという関係は、あくまでも予想値（期待値）についてのことです。後から
見れば、短期的な価格の変動が小さくても、長期間には大幅に値上がりしたり、短
期的には価格が大きく変動しながら長期間に値下がりしたりすることもあります。

ただ、それを事前に予測することは難しいのです。

【リスク・リターン】

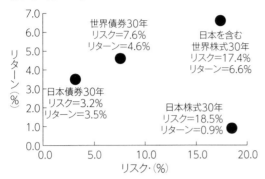

日本債券はFTSE日本国債インデックス、世界債券はFTSE世界国債インデックス、日本を含む世界株式はMSCI World Net Return Index、日本株式はTOPIX配当込み。期間は1990年10月から2020年10月。 （出所）Bloomberg

## 3 リスク許容度　100 － 年齢

　リスク許容度とは、どのくらいのリスクを取ることができるのかという限度や範囲を意味します。その限度や範囲のことを、「許容度」といいます。

　例えば、10万円を株式に投資するとします。月々給与収入や蓄えがあり、投資する10万円が一時的に8万円や7万円になったとしても困ることはない場合と、その10万円は生活に必要な資金であって、一時的でも10万円から減ることがあっては困るという場合を比較したとき、前者の方が「リスク許容度が高い」と表現します。リスク許容度が高ければ、リスクの高い証券への投資が可能といえます。月々の収入の他にも、保有している資産によっても、リスク許容度が異なります。

　リスク許容度を具体的に表す上で、アメリカでは株式などのリスク性資産の望ましい保有比率の目安を示す簡便な式が使われることがあります。

　100から年齢を引いた数字が、資産全体に占めるリスク性資産の割合を保有すると良い、という目安です。例えば、25歳の場合、100－25＝75　なので、資産全体の75％をリスク性資産で保有する、というものです。また、例えば65歳

の場合は、100−65=35　なので、保有するリスク性資産は、資産全体の35%であるという目安になります。

　前章で掲げた図のように、若い人は人的資産、つまり今後働くことなどによって得られると予想される収入の総額が大きいといえます。そうであれば、金融資産の中の構成としてはリスク資産の比率を高くできる（＝リスク許容度が大きい）一方で、高齢になって人的資産が小さくなる場合は、金融資産の中でリスク資産の比率を下げていくことが望ましいといえます。

【イメージ図】

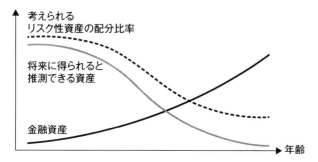

　もちろん、人それぞれの生活環境によって、年齢だけではなく、家族構成や将来予想される収入などによってもリスク許容度に違いはあるでしょう。それに、同じ人でも、時と場合によってリスク許容度が変化することもあり得ますが、「100−年齢」は一つの目安になります。多くの人は、景気や市場の変化の中で、リスク資産への投資に対して強気になったり、弱気になったりします。市場環境が良い時には、過剰にリスク許容度が高くなったり、市場環境が悪い時には、必要以上にリスク許容度が低くなったりします。そんな時、短期的な景気や市場の状況に惑わされないように、アメリカでは「100−年齢」が目安になっています。

ゴローちゃん
DC
担当になる

第 4 章

# 株式・債券

今日もよっちゃんとランチしてきた。香坂さんから聞いた72の法則の話をしたら、「その法則の提唱者って、アインシュタイン説とかルカ・パチョーリ説と、諸説あるやつじゃない？　"法則"っていうと論文レベルだけど、それは簡単な法則だよね」って言ってた。

「3倍になるのにかかる期間を求めるなら114の法則っていうのもあるんじゃなかったかな。化石や地層の年代を調べる指標には、反対に半減期っていうのがあるんだよ」とも言ってた。よっちゃんはアインシュタインよりすごい。


　席に戻ると、香坂さんは待っていたかのように、私が腰かける前に言う。

「ゴローちゃん、今、NM銀行の木下さんから来月のDC通信が届いたわ。ウチのフォームにして、フォルダに入れておいてね」

「はい。わかりました」

「今から管理本部の会議があるの。DCのことも議題になってるから、私は陪席に行ってくるわ」

「はい。行ってらっしゃい」

　あれ？　香坂さん、ランチは？　まぁ気にしないでメールのアプリを開く。木下さんからのメールが届いてる。To は私。Cc に人事課のアドレス。件名は「DC通信とお打ち合わせの日程調整」。添付のzipファイルを開くと、次号のDC通信。『リスク許容度を確認しましょう』というタイトル。リスクって変動の幅ってことだった。その許容度って何？　"許容"？　許せるかどうか？

　リスクというのは、投資する対象によって、おおよそその幅に違いがある。元本が減る心配なく5％や6％ずつ増えていくのはないんだって。それだけは覚えておきなさいって、香坂さんは言ってた。じゃあ、どうして変動するんだろ？　ん…それに、香坂さんや石谷さんが言う"期待リターン"って一体何だろ？

人事課の電話が鳴る。

「はい。株式会社☆☆、人事部人事課稲垣でございます」

　私は電話が鳴ると誰よりも早く取る。営業部の時のクセ。

「NM銀行の木下です。お世話になっております」

　あ、木下さん。

「いつもお世話になっております。メール、ありがとうございました。次号の
DC通信、今、見てます」

「少し遅くなりまして申し訳ありません。御社の加入者の皆さまにご発信くだ
さい」

「はい」

「それから、YZアセットさまとの次回のお打ち合わせの日程候補もいくつか
あげさせていただきました。御社のご都合をお返事くださいましたらセットさ
せていただきます」

　メールに書いてあることなのに、木下さんはよく電話してきてくれる。メー
ルでわかるからいいのにって思う時もあるけど、声を聞いて話すと、不思議と
その人との距離が近くなる感じがして、私からも連絡しやすくなる。メールと
電話の使い分けは今でも悩むことのひとつ。

「わかりました」

「よろしくお願いします。他にも何かございましたらご連絡ください」

　そうですか？　だったら。

「では、お聞きしてもいいですか？」

「あ、はい。何でしょう？」

「どうしてリスクってあるんですか？」

「え？」

　"え？"って、え？

「そういうことでしたら、YZアセットの石谷さんにお聞きいただくと良い

のではないかと思いますが…」

　だってこの間、石谷さんは、木下さんは詳しいですねって言ってたし、たった今、何かあれば、って…。

「すみません。そうします。ごめんなさい。あ、申し訳ありません」

「いえ、まぁ、今回の号に関係することではありますが…」

　木下さんは、電話の向こうで「どうしてリスクがあるか？」ってつぶやいてる。少し間があって話し始める。

「そうですねぇ、なぜリスクがあるのか、ということですと…」

「はい」

「株式でいいますと、株価は将来のキャッシュフローを表すものです。そのキャッシュフローは企業の将来の利益、すなわち成長性に関係し、企業の成長性は未知数だから、ということでしょうか」

　キャッシュ？　フロー？　お金が、流れて、くる？　どこから？

「あのぉ…キャッシュフローって何ですか？」

「あぁ、キャッシュフローの意味ですか？」

「はい…」

「その資産が生み出すもの、といっていいでしょうか。事業で得た利益、将来の配当です。株式のリスクは、それが未知数だから、ということでしょうか」

「配当…ですか？」

「はい。証券に投資するというのは、資産を購入するということですが、では、なぜ資産を購入する、あるいは交換するのかといいますと、それは、今の値段が、将来その資産が生み出すキャッシュフロー、つまり将来の配当と等しいからです。これを割引現在価値といいます。割引現在価値ってお聞きになったことありますか？」

　ない…って言えずにいると、木下さんはまるで質問しなかったかのように話し続けてくれる。

「割引現在価値といいますのは、毎年収益を生み出す資産の現在の価値です。例えば、今、金利が2％であれば、今の100万円は1年後の102万円と等しいわけです。反対の見方をすれば、1年後の100万円は、今のおおよそ98万円と等しい。将来の価値を今の金利で割り引いたのが割引現在価値です」

　木下さん、もうおなかいっぱいです…でも私から聞いたからそんなこと言えずに、聞いておくことにする。

「株式の場合では、株価が、割引現在価値です。つまり、将来得られる配当を、全部、今の金利で現在の価値に割り引いた合計が今の株価というわけです。ところが、企業の将来の配当は、企業の業績によって変わります。企業の業績は、一般に、景気に左右されると言えます。つまり、景気によって、株式の価格、株価は変動します」

　景気によって株価が動くということは、何となくわかる気がする。たまにニュースで見たり聞いたりするから。

「われわれ銀行が企業に融資をする際は、財務諸表や事業計画から将来の業績を判断します。そのリスク、つまり不確実性ですが、これはわれわれが負います。融資した先の企業の業績が悪くなったり、例えば倒産したりしたからといって、それを理由に預金者の金利を下げたりはしません」

　確かに。

「逆に、その企業が利益を上げたとしても、だからといって預金者に還元するわけではありません」

　それも確かに。

「ですが、個人が株式に投資する場合は、株式に投資する個人がリスクを負うことになります」

　個人がリスクを負う、ということは、損するとか…？

「業績が悪くなるとわかった時や、良くなるとわかった時に、割引現在価値が変わります。つまり、株価が変動します。すると、株式を保有している個人の

資産価値が変わるわけです」

「儲かったとか、損したとか、ですか?」

「そうです。リスクの比較という意味でいいますと、株式は、景気の動向、企業の業績の予想によって価格が変動します。その変動の幅をリスクとして測っています。債券のように将来の収益が確定している資産の場合は、満期まで持てば、企業の破綻がなければ元利がわかるわけです」

　債券?　香坂さんが見せてくれたイメージの図の中にあった。確か、預金の次に期待リターンとリスクが大きいってことだった。その次に高いのが株式だった。木下さんは、今その違いの理由を説明してくれた?

「ただ、まったくリスクがないわけではありません」

　あ〜せっかくわかったつもりになったのに、“ただ”って言われるとややこしくなる。

「お話ししたように、割引現在価値は金利で割り引きます。この金利は、景気によって変化します。景気が良くなった時に金利が上昇して、景気が悪くなる時は金利は低下します。その時、債券は収益が増えずに金利が変化しますので、債券の価格も変動します」

　木下さんが親切に教えてくれることだけはわかった。今はもうこの辺りで…あ、そうそう、これを聞いてみよ。ずっと気になってる。

「期待リターンって何ですか?」

「期待リターンというのは、リターンの予想値のことです」

　予想?　こうなったらいいなっていう期待ではなくて?

「株式は、さっき申し上げました通り、リターンが確定しているわけではありません。それから、債券にしても、取引されている債券は、満期まで価格が変動しますので、価格の変動によるリターンはやはり確定しているわけではありません。予想値をもとに、投資家は株式や債券の投資判断、つまり、売買の行

動を決めるわけです」

「予想なんですか？」

「はい。予想ですから必ずその通りになるわけではありませんが、しかし、長い期間の平均でこれくらいのリターンだったとか、これからの景気や金利がこうなりそうだから株式や債券のリターンはこうなるだろうといったことから、リターンの予想はできます」

　期待っていうと、宝くじが当たったらいいなぁって、期待することなんじゃないかって思うけど、予想？　いろいろな根拠を持った予想？　投資って、当たるかどうかわからない予想をもとに判断するの？　それなら、私にはできなさそう。

「どうも長電話をしてしまいました。すみません」

　木下さんは悪くない。私が質問してしまっただけ。

「わかりにくいところは、ご専門の方にお聞きください」

　私にとってはじゅうぶんすぎる専門家です。

「では、YZアセットさまとのお打ち合わせの件、よろしくお願いいたします。失礼いたします」

「いえいえ、私の方こそ、失礼いたしました。本当にありがとうございました」

　心の底からそう言った。

　ん…株式を買うとかの投資って、みんな予想していて、それが当たるかどうかで儲かったとか損したとか、そういうことになるの？　実際に持ってる人の話って聞いたことがない…持ってそうな人って誰だろう？　香坂さん、持ってるのかなぁ？　宝くじを買わないことは聞いたけど。香坂さん、会議からまだ戻ってこない。そのまま遅めのランチに行ったのかなぁ。

　あ、社内webメール。白鳥先輩だー。

ゴローちゃん、エンジョイしてる？　AB会社さんに提案したシステム、導入してくれそうだよ

　そうなんだ。営業部では盛り上がってるだろうなぁ。返信する。

よかったですねー　私もうれしいです！

おっ、返信速いねー。仕事してない？　白鳥システムはみんなのおかげだよ。粘ったのはオレだけどね

　白鳥先輩は、自分が関わるシステムにはいつも自分の名前をつける。そうだ。白鳥先輩、株式持ってるかな。

白鳥先輩、株式って持ってますか？

おっ、将来の資産の次は株？
ゴローちゃん、その手の話が多くなったねー

すみません。白鳥先輩にはいろいろ聞いてしまって…

いいよ、いいよ

モチロン持ってるよ。何社かね。キホン他業種の会社。1社は同業に近いかも。その会社、ヤバいよ。通話しようか？

　"ちょっと待ってください"って入力する前にビデオ通話の着信音が鳴る。

急いでイヤホンを着ける。白鳥先輩、顔、ちかっ。


「ゴローちゃんさ、ST社って知ってる？」

　自然と画面から顔を離す。

「知ってますよ」

「初めにその社長の話をネットで見た時にさ、世の中変わっていくだろうなぁって思ってワクワクしてさ、すぐにその会社の株を買ったんだよ」

「白鳥先輩、株式ってそうやって買うものなんですか？」

「は？　じゃあどうやって買うの？」

　白鳥先輩の顔が画面から離れる。

「えーっと、将来の配当とか、割引現在価値…とか…」

「おー、難しいこと知ってるなぁ。人事部に異動してからは違うねぇ。オレはそういうのはよくわからないけどさ、」

　今度は私が思わず画面に近寄っちゃう。

「知らないんですか？」

「おっ、そうきましたか」

「いいえいいえ、違うんです。そういうことを知ってる人が株式を買うのかなぁって思って」

「え？　ワクワクするから株を買うのってダメ？　オレは全部そんな感じだよ。って何十社も持ってるわけじゃないけどさ。だってさ、世の中変えていくのは企業活動の力でしょ。個人でビジネスしてる人も含めてだけどね」

　木下さんと白鳥先輩は違う。なんていうか、ルノアールの絵とピカソの絵の違い…みたいな。

「前の会社の後輩がさ、"白鳥さんが持ってる株、すんげぇ上がってますよ、売った方がいいんじゃないんですか？"って親切に教えてくれたけどさ、売るわけないっつーの。世の中の景色を変えるんだからさ」

「先輩、その株式は何パーセントで増えてるんですか？」

「何パーセント？　ゴローちゃん、聞くことが専門的だなぁ。計算してみるか。ちょっと待ってな。スマホで計算してみるよ。今株価いくらだっけな？」

　白鳥先輩、気にしてないんだ。

「今の株価は、買った時から2.5倍くらいか」

「えー2.5倍⁉」

「買ったのが10年くらい前だから、10％くらいかな。複利なら10％切るか。あぁ配当金もあるからそのくらいになるか」

「10％ですか⁉」

「もっとも、もし売るとすれば税金がかかるよ。税金って大きいよな」

　10％って、私が望む5％や6％より高い。

「いつだったか、すんげぇ下がった時は、半分近くになってたかな」

「え⁉　そんなに？」

「その時は、さっき言った後輩が、"白鳥さん、下がってますよ。急いで売らなくていいんですか？　もっと下がりそうですよ"って心配してくれたけどさ、オレは、その会社の将来に投資してるんだから、今、ジタバタするつもりなんかないって言ってやったよ。あいつ、元気にしてるかなぁ？」

「先輩、もっと下がったらどうしよう、とかならなかったんですか？」

「株主に向けた説明会っていうのがあって行ったらさ、この先、何をしようとしてるのか、今はどうして業績が下がってるのかを、ちゃんと説明してて、それを聞いたら不安なんてなくなったね」

「業績の話を聞いたんですか？」

「ま、数字は覚えてないけどさ、これから拡大していこうとしている事業があって、そのためにカネがかかるから、財務上は損失が多くなってるとかって話だったよ。いっときの株価の下げなんて気にしてないんだよ、社長が。もっと先を見てるんだよ。その会社のサービス、オレも使っててさ、こういうのがあ

ったらいいなーってずっと思ってたんだ。社長と波長が合うんだよな、オレ」

　やっぱり白鳥先輩は、木下さんとは違う。

「オレたちの生活は、全て誰かの仕事で成り立ってるんだぜ。朝起きた時から、寝るまで。いやいや寝てる間も睡眠管理のアプリ使ってるから寝てる間もか。こんなふうになったらいいなぁとか、自分で思ってもオレにはできないことって山ほどあるからさ、それを実現しようとしてる会社があると、ワクワク、ウキウキ、ドキドキ、時にはハラハラ、」

　あ、香坂さんが戻ってきた。いっけない、DC通信、まだ作ってない！

「白鳥先輩、ありがとうございました。また教えてくださいね」

「あ、そう？　続きはまたね。ワクワクする話、しようぜ。じゃあね」


　社内webの画面を閉じて、急いでDC通信のフォーマットを開く。

「ゴローちゃん、DC通信できた？　フォルダに入れておいてね」

「はい」

　ふぅ。よかった。すぐ作らなくっちゃ。

「そうだわ、ゴローちゃん」

　うぅ。"見せて"って言われたらどうしよう…。

「YZアセットさんとの打ち合わせ、部長の予定はどう？」

　あ、そっち。まだ見てない。急いで部長の予定を見る。

「木下さんからの候補日時ですと、今週は、承諾済みで予定が入っていて、来週は未承諾の会議が入っています」

「来週の候補の日は…水曜日の午後ね。私は大丈夫よ。ゴローちゃんも大丈夫よね。部長今いる？」

　部長の席はフロアの奥。立ち上がって見ると、部長は椅子に腰かけて、目を閉じてる。

「香坂さん、部長、寝てます」

「いる？　寝てるんじゃないわよ。何か考え事でもしてるんでしょ。メールするより行きましょ」

　その間に、DC通信のフォーマットっと。

「ゴローちゃんも行くわよ」

　あぁ…


　部長席は人事企画課の先。私と香坂さんが近づくと、部長が目を開ける。

「あ、部長起きた」ってつい言うと、私の先を歩く香坂さんは振り向いて、「寝てるんじゃないのよ」って小声で言う。

「お、香坂とゴローか。すまん、寝てた」

　ほら。

「2人そろって何だ？」

「DCの商品導入の件で、YZアセットさんと打ち合わせをします」

「それ、オレも出るぞ」

「はい。今のところの候補は、来週の水曜日の午後なんですが、その時間に、会議の出席依頼が入っています」

「あぁその会議なら俺は出なくてもいいんだ」

「いいんですか？」

「俺がいなくても会社はまわる」

「そうですか」

「香坂、そうあっさり返事するなよ。みんながよく考えて決めて行動すればいいってことだ」

「では水曜日の午後に予定します」

「おぅ」

「部長の予定表に入れておきます」

「ゴロー、YZアセットとの打ち合わせには出たのか？」

「はい。リスクの話をしました」

　部長はそばにある丸椅子を二つ指して座るように促す。

「そうか。面白かったか？」

「面白いっていうか…」

　面白かったかどうかを考えてたら、それを待たずに香坂さんが説明し始めた。

「石谷さんを困らせてしまいまして」

「ほぉ。ゴローは何を聞いたんだ？」

「石谷さんが、DC制度はリスクをとりやすい制度にした方がいいというお考えをおっしゃったんですが、ゴローちゃんが、"それは危ない話なのか？　ウチのシス開のリスクマネジメントチームは、障害が起きた時のために仕事してる。障害のある商品がどうして将来に備えることになるのか"って」

　部長は声を出して笑う。

「それはいい。石谷さんはすぐには答えられなかったんじゃないか？」

「はい。石谷さんは、"投資理論で語る言葉遣いを押し付けようとしていたのかもしれない。それでは多くの人に、初めに壁をつくってしまう"と」

「確かにそうだな。それは社員に伝えようとする俺たちにも言えるな」

「そうですね…木下さんが、危険を意味する英語の語源のお話をしてくださいました」

「オブスタクルとか？」

「そうです。参考になりました」

「そうか」

「ゴローちゃんには、打ち合わせの後でリスクの説明をしました。もっと早く説明しておけばよかったんですが」

　香坂さんは、なんだか謝ってるモード。

「香坂、ゴローが同席してよかっただろ？」

「そう言われますと…」

香坂さんは答えに悩んでる。

「それでゴローはリスクについてどう思った？」

　ん…リスク…。

「なんだ、また腹が痛いような顔するな」

「はい…あ、おなかは痛くないんですが」

「わかったことと、わからないことは区別できるか？」

「はい…わかったことは、どうしてリスクがあるかというと、キャッシュフローは企業の利益に関係して、企業の成長は未知数だからで…」

「ほぉ」

「ゴローちゃん、何か本を見たの？」

「いえ、あのぉ、木下さんが…」

「木下さんに聞いたの!?」

　香坂さんは、また困らせて…って小さな声で言った。

「ゴロー、それで？」

　2人から質問されてる…　さっき聞いた木下さんのお話は…。

「期待リターンは、株価の変動によって変わって、その株価は、えーっと、金利で割り引く割引現在価値を表していて、でも、企業の配当は、景気とかにも関係して、景気とか金利とか、企業の配当とかを予想しながら、人は、株式の売買をしていて…それからえーっと、債券は、満期があるけど、途中で価格は変わって、やっぱり景気とか金利とかで変わるから、予想のリターンっていうのがあって、でも満期があるから、その変動は株式ほどではなくて…」

「ゴローちゃん、木下さんにそんなに質問したの？」

　香坂さんが驚く。

「いいえ、あ、はい。私が聞いたのは、どうしてリスクがあるんですか？　と、期待リターンって何ですか？　って…」

「ゴロー、それで、腹が痛い理由はどこにある？」

「おなかは痛くないです」

「腹が痛いような顔になってるのは何かモヤモヤしてるからだろ？」

　そういう意味…。

「株式を持ってる人は、そういうことを知ってないといけないんだなぁって思って、別の人に聞いてみたら、そうでもなかったんです」

「ほぉ。その別な人は、どうして株式投資をしていた？」

「ワクワクするからって」

「ゴローちゃん、ワクワクってどういう意味？」

　香坂さんならそう聞くよね。

「私が言ったんじゃないですよ。株式持ってる、そのぉ、その人は、"株価が上がっていても、その会社は世の中の景色を変えるんだ"って思って、売ることはしないし、株価が下がっていても、"その会社の将来に投資してるんだからジタバタしない"って、持ち続けてるって」

　部長は脚を組みなおす。あまり長くない脚だけど。

「ゴロー、あのな、木下さんも白鳥も、株式に対する考え方は同じだぞ」

　えー？　同じ？

「全然違いますよ。木下さんは"割引現在価値"で、白鳥先輩は"ワクワク"なんですよ」

　あれ？　白鳥先輩って私言ってなかったはず。

「部長、私、白鳥先輩って言いましたっけ？」

「自分の直感を信じて行動するのは、ウチの社員では白鳥だろ。理屈より自分の直感だからな」

　"ワクワク"は直感なの？

「白鳥の"ワクワク"は、投資する会社の将来の、成長性への期待なんだ。企業は、常にもっと良い商品・サービスを提供して、世の中の人に利用してもらってビジネスを拡大していこうとしている。ウチの会社も同じなんだぞ」

ウチの会社のみんなが、世の中の人にウチのシステムを利用してもらうために仕事してるのはわかる。

「つまり、企業の利益の成長だ。白鳥がその会社の財務分析をしているはずはないだろうが、今より成長することを、白鳥なりの計算と直感で夢見るんだろ。あれでロマンチストなところがあるからな」

　白鳥先輩が言ってたことには、深い意味があったの？

「経済全体で見れば、いろいろな企業や人が、いろいろな課題の解決に取り組むことで、その成果が実を結ぶ。社会の何かを解決しよう、もっと良くしようとして、商品やサービスの革新が起きる。そのイノベーションが経済の成長をもたらすんだ。そうして企業は将来の利益を獲得して、それを配当として株主に配分する。その将来の配当の割引現在価値が、今の株価だ」

　ん…。

「正確には、木下さんは統計的に把握できる不確実性を言っていて、白鳥は企業のイノベーションのようなあらかじめ特定できない不確実性も含んでいるんだろうが。なんだ、また腹が痛いか？」

「私、そんなふうに世の中を観察したことないし、株価を見るなんてしたことないし、会社を探すとか、難しそうです」

「白鳥にできて、ゴローにできないことはない」

「絶対無理です。直感ないですし…」

「安心しろ、方法ならあるぞ」

　何？

「香坂、ゴローに投資信託のことを教えてやってくれないか」

「はい。来週の水曜日の打ち合わせまでに、基本的な仕組みを覚えてもらいます」

「それからな、資産別の期待リターンとリスクを教えてやってくれないか」

「部長、イメージ図は見せました」

「そうか。そうしたらな、債券のインデックス、それから主要国の株式市場のインデックスのヒストリカルのリターンとリスクを見せておいてくれ」

「それはまだ早いんじゃないでしょうか？　かえって混乱させてしまいませんか？」

「そんなことはないんじゃないか？　具体的な数字まで覚える必要はないんだ。過去からの推移を比較することで、イメージ図が印象に残るだろ」

「確かに…わかりました」

　私には何だかわからないけど、部長と香坂さんの間では話がまとまったみたい。

「それからなゴロー、さっきの話、『社内報』のDCコーナーの連載にしろ」

　え、えーっ？

「木下さんと白鳥の話な」

「ぶ、部長、それはどうでしょう…？」

「"どうでしょう"って何だ？　じゃあ白鳥に頼むか？」

「それは…白鳥先輩は営業部で人事部ではないし、DCコーナーの担当ではないですし…」

「だろ？」

「あのぉ、木下さんにお願いしては…？」

「ゴローちゃん、ウチの『社内報』のことよ。運営管理機関さんからもらうDC通信ではないのよ」

「香坂の言う通りだ。な、ゴローが書くしかないだろ」

　うぅ…なぜそうなる…？

「香坂、見てやってくれな」

「はい。出来上がった原稿のチェックをします。何度でも」

　香坂さんの声が明るい。そしてなぜか繰り返す。

「何度でもね」

　資産運用の主な具体的な行動は、有価証券に投資することです。有価証券に投資するとは、その証券を購入するということですが、なぜ資産を購入する、あるいは交換するのか。それは、今の値段が、将来のその資産が生み出すキャッシュフロー、株式なら将来の配当と等しいから、交換します。その等しさの計算は、割引現在価値の計算です。

　わかりやすく、今、金利が年2%とすると、今の100万円は1年後の102万円と等しい、また、1年後の100万円は今の約98万円と等しいということです。そこから、株式の価格は、「将来の配当を、金利によって現在価値に割り引いてその合計をとればいい」ということになります。

　企業の配当は、企業活動の結果の収益の一部であって、現実には確定していません。それは、企業の配当は、企業活動の成果や景気によって変わるからです。割引価値の考え方に基づけば、これらから、株式のように景気が良くなると収益が増える資産は、景気が良くなると価格が上昇するという流れになります。ただし、景気が良くなった時に金利が上昇するならば、配当の増大と金利の上昇の程度によって株価は上がることも下がることもあります。


　景気と株価の関係を、少し詳しく見てみます。景気と株価は、次のように、大きく四つの時期が循環しているといわれています。

　まず景気拡大の初期です。この時期は、景気が拡大する一方で、インフレ率はまだ低下します。景気が拡大する一方で、金利によるコスト上昇はまだ小さいので、企業収益は大きく増大しやすくなります。インフレ率が低下しているので金融引き締めには至らず、株価は上昇しやすい時期です。景気は拡大していきます。

　次は景気拡大の後期です。景気の拡大とともに、インフレ率は上昇してきています。景気の拡大は続いていますが、インフレ率は上昇するので金利は上昇します。従ってコストは上昇しますから企業収益は鈍化します。株価は景気拡大のピーク前

に下落に転じやすく、景気は停滞していきます。

　こうして景気後退の初期に移ります。まだインフレ率は上昇します。それによってコストは上昇し、景気は悪化、企業収益は悪化していきます。インフレの上昇がまだ続いているために金利が上昇するか、あるいは低下しにくく、株価の下落が続きやすくなります。

　そして景気後退の後期になります。インフレ率が低下し、雇用の削減などによるコストの低下で企業収益の悪化に歯止めがかかります。インフレ率低下で金利は低下し、株価は景気底打ちを前にして、上昇に転じやすくなります。

　こうして景気拡大の初期に移ります。


　このように、全体で見れば、景気とそれによる企業の収益は移り変わっていきます。株式の価格はそれによって変動します。


　もう一つ、有価証券の代表に債券があります。国債に代表される債券は、定期的な利払いの額と元本が返済される満期が決まっています。債券のように将来の収益が確定している資産は、破綻がなければ、満期まで保有した場合の元利合計がわかります。

　ただし、満期以前に景気が良くなって金融市場で金利が上昇した時は、既に発行された債券は、将来得られる収益が増えずに金利が上昇したことで現在割引価値が減少するため、債券価格は低下します。

ゴローちゃん
DC
担当になる

第 5 章

分　散

困った…『社内報』のDCコーナー、どうしたものか…木下さんのお話と白鳥先輩のお話を原稿にするなんて…私にはライターの才能はないのに。

　木下さんのお話を思い出して、取りあえずPCに打ち込んでみる。木下さんのお話は——「企業の配当は、企業の成長に関係していて未知数。将来得られる配当を金利で割って、今の価値に表すのが割引現在価値で、それが株価。銀行が企業に融資する時の不確実性は銀行が負う、だから個別の企業の業績によって預金金利が高くなるとか低くなるとかはないけど、個人が株式に投資する時の不確実性は個人が負う」。それから…そうそう、「金利とか景気とかを予想して、人は株式や債券の売買を決める」。

　白鳥先輩は——「企業活動によって世の中が変わりそうな、そんな"ワクワク"する企業の株式を買ってる。だから、株価が上がっても下がっても、売らないで持ち続けてる」。

　それから、それから…そうそう。部長は、「木下さんのお話も白鳥先輩のお話も同じなんだ」って言ってた。「"ワクワク"って、企業が成長することを期待してるからなんだって」。

　んー、これをどうやってDCコーナーの原稿にするの？　部長はそのまま書けばいいんだって言うけど。やっぱり、木下さんと白鳥先輩に書いてほしい。どう書くかより、どうしたら2人に書いてもらえるか…ん…。

　香坂さんから「ゴローちゃん」って呼ばれるたびにドキっとする。「できたの？」とか「そろそろ見せて」とか言われそうで…。


「ゴローちゃん」
「あ、はい」
「この間、部長が言ってた——」
　あ〜、とうとう…。
「日本と主要国の債券インデックスと、それから日本の株式と主要国の株式イ

ンデックスの、リターンとリスクなんだけど、一つのファイルにまとめたの。今から会議に行かないといけないから、取りあえず見ておいて」

　香坂さんは仕事が早い。私より…。

「はい」

「今、ファイルを送るわね」

　香坂さんからメールでファイルが届いた。開く。

「グラフは、過去30年の、債券と株式のグラフよ。債券は、日本の債券市場全体を表す指標と外国の債券市場を表す指標。株式も、日本の株式市場全体を表す指標と、日本を含めた外国の株式市場全体を表す指標」

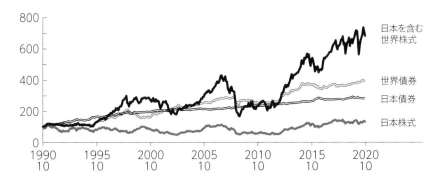

「表は、債券と株式の、10年、20年、30年のリスクとリターンよ」

　数字が並んでる。難しい話になりそう…。

| | リターン | リスク | | リターン | リスク | | リターン | リスク |
|---|---|---|---|---|---|---|---|---|
| 日本債券10年 | 1.8% | 2.2% | 日本債券20年 | 1.8% | 2.1% | 日本債券30年 | 3.5% | 3.2% |
| 世界債券10年 | 4.4% | 5.8% | 世界債券20年 | 4.5% | 6.7% | 世界債券30年 | 4.6% | 7.6% |
| 日本株式10年 | 9.3% | 16.6% | 日本株式20年 | 2.5% | 17.4% | 日本株式30年 | 0.9% | 18.5% |
| 日本含む世界株式10年 | 11.5% | 17.0% | 日本含む世界株式20年 | 4.7% | 18.6% | 日本含む世界株式30年 | 6.6% | 17.4% |

「この間のリスクとリターンのイメージ図、まだ持ってる？」

　香坂さんが書いてくれたイメージ図なら、スキャンしてデスクトップに貼り付けてある。

「部長が言ってたように、数字を覚えなくてもいいのよ。いつを起点にするかによって変わるんだし。ただ、イメージ図は、頭に入れておいて。ううん、目に焼き付けて」

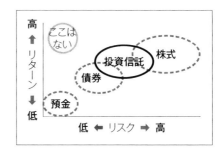

　目に焼き付ける…ん…。

「ゴローちゃん、そんなに顔を近づけて、リアルスクリーンショットのつもり？」

　…できた気がする。でもちょっと目が乾いた。

「もう行かなくちゃ。月例会議なのよ」

　香坂さんは、立ち上がってノートパソコンを持つ。

「会議はお昼までかかりそうだから、続きはまたね。そうそう来週のYZアセットさんとの打ち合わせのことは、木下さんに連絡してくれたわよね。会議室も押さえておいてね。それから、次は部長が同席することも、木下さんに連絡してね」

　と言って、フロア奥の会議室に向かって行った。

　違う感じのこともあるけど、だいたいこのイメージ図のようになる。リターンが高いものはリスクも高い。リターンが低いものはリスクも低い。リターンのパーセントの数字は、金額にするイメージができるけど、変動の幅っていうリスクの数字って、どうすればいいんだろう？　ん…。


　先に香坂さんに言われたことをしよっと。木下さんへの連絡。来週の水曜日のYZアセットさんとの打ち合わせのことは、木下さんにメールした。会議室

の予約もした。けど、部長が同席することはメールに書かなかった。どうしよう。木下さんはいつも電話の連絡もくれる。だから私も…。


「株式会社☆☆の稲垣でございます。いつも大変お世話になっております」
　メールに書いた通りのことを伝えて、それから部長が同席することを付け足した。
「お電話連絡ありがとうございます。松田部長にご同席いただくことも確かに承りました。YZアセットの石谷さんには私から連絡いたします」
「はい。お願いいたします」
　電話が終わってしまう。この間話してくれたことを書いてほしい、とは言えないけど、もうちょっとお話ししてほしい。どうしよう…。
「あのぉ…」
「はい」
「先日の…」
「DC通信、わかりにくかったでしょうか?」
　そっちではないけど…
「わかりにくいと言いますか、そのぉ…」
「リスクの説明でしたら、僕ももっと工夫ができるかもしれないと思っていまして、逆に稲垣さんにお尋ねしたいと思っていたんです」
　お尋ねされるのは困るけど、もうちょっとお話しできるなら…えーっと。
「あのぉ、リスクの何パーセントっていうのは、どうすればいいのか、ちょっと…」
「はぁ、どうすれば、と言われますと…」
「あ、あのぉ、リスクは変動の幅ってことですけど、それは金額にすると言いますか、いくらになるのかと言いますか…」
「なるほど。リスクを具体的に捉えにくいということでしょうか」

「はい、そういうことです」

「そうですね、具体的に表すとしますと、期待リターンが5%の場合、元金が100,000円でしたら、105,000円になります」

100,000円かける5%で5,000円。

「期待リスクが10%とすると、期待リターン5%に加減します。マイナス10%から、5%のプラス10%、金額にしますと、95,000円から115,000円、この間の金額になるということです」

木下さん、ちょっと待っていただきたい。メモしたい。急いでペンと紙を取る。えーっと、リターンが5%でリスク10%で、5% − 10% ＝ − 5%と、5% ＋ 10% ＝ 15%で、それを金額にすると、95,000円から115,000円。

「それは、100,000円が、確実に105,000円になるのではなくて、95,000円になることも、115,000円になる可能性もあるってことですか?」

「そうです。そして、それは統計的に約7割の可能性です。それが、リターン5%、リスク10%の標準偏差、つまり、標準的な変動の幅です」

「105,000円を真ん中にして、95,000円から115,000円。これが、石谷さんや香坂さん、あ、香坂が言ってる幅、ってことでいいんですか?」

「そうです。ですから、リスク許容度というときには、期待リターン5%で期待リスク10%のとき、約7割の可能性で95,000円になることもあることを受け入れられるかどうか、115,000円になることを受け入れられるかどうか、という話です」

「115,000円になることは受け入れられますが、95,000円は受け入れられません」

"ハハ"とも"フフ"ともとれない静かな笑みのような声が聞こえた。

「まぁ確かに」

木下さんは少し間をおいて、笑みが消えた声で続ける。

「もちろん、どなたもそうだと思います。ただ、ある程度高いリターンを得よ

うとするならば、ある程度のリスクを受け入れざるを得ないという面はあります」

「香坂が、リターンが高くてリスクが低いものはないって言ってました」

「はい。それは、極めて重要なことだと思いますね」

「でも、というか、だから、105,000円が115,000円になってほしいとかまで高望みしませんが、95,000円にならないようにできないんでしょうか? だって、お金を増やしたいのに、95,000円になることを受け入れるって、なんかヘンだと思います」

「なるほど。お気持ちはわかります」

　木下さんはやさしい。香坂さんは私の気持ちをわかってくれないもん。

「もっともなお気持ちではありますが、株式でも債券でも価格が上がることもあれば下がることもあります。期待リターン、言い換えますと、リターンの予想値が5%であっても、確実にそうなるとは限りません」

　だったら…。

「例えば、せめて、マイナスの幅が小さくなるとか、っていうのはどうでしょうか?」

「そういうことでしたら考えられることがあります」

　おっ、言ってみるものね。

「価格が変動する商品をいくつも持つと、より市場の変動にさらされると感じるかもしれませんが、数学的には、組み合わせると、割合によって変動幅は抑えられる結果になります」

　変動が抑えられる…?

「資産を組み合わせると、リターンは組み合わせた資産の平均になりますが、リスクは平均より少なくなります。これが資産の分散効果です。簡単な例を後ほどお送りします」

「ありがとうございます」

なんだかよくわからないけど、不思議なことがあるみたい。

「ただ──」

　ただ、って言うとその後は難しくなることを、私は知ってる。

「組み合わせるときには、相関といって、組み合わせる資産の価格の動きがお互いに似ているのか違うのかが重要になります。違う動きをする資産を組み合わせるという発想が必要です」

　違う動き…。

「話が長くなってしまいますが、もう一つよろしいですか?」

　難しいお話もあるけど、わかることもあるから、どうぞどうぞ。

「もう一つ、リスクの分散という意味で、確定拠出年金の加入者の方々にお伝えしなければならないことがあります。時間を分散することの効果です。僕から申し上げるのはナンですが」

「いいえ、ぜひお願いします。まだ勉強中で…」

「そうですか?　では。変動する金融商品を定期的に一定金額ずつ購入するということは、安い時はより多い数量を購入し、価格が高い時はより少ない数量を購入することになります」

　ん?　ん?

「それは、毎月同じ量を購入していくよりも、取得価格を低く抑える可能性があります」

「取得価格を低く、ですか?」

　取りあえず言葉を繰り返してみる。

「はい。取得価格を低くというのは、それだけ利益が増えるということです。これも、簡単な例をお送りしましょうか?　御社でも加入者の皆さまへの説明の中でされていらっしゃることとは思いますが」

　私も入社後の説明会で聞いたってこと?　聞いたかなぁ?　覚えてない…送ってください。

「これは、少しずつ継続することの良さを表しています。積立の効果です」

「ありがとうございます」

「なんだか話の趣旨が違ってきてしまいましたが、DC通信の補足ということで」

　DCコーナーの原稿は解決してないけど、木下さんはやさしい。YZアセットの石谷さんとの打ち合わせのことを再度確認して電話を切った。おなかいっぱいな感じだけど、木下さんは親切に教えてくれた。

　木下さんからメールが届いた。件名は「補足資料」。簡単だけど丁寧なメール文が書いてある。添付ファイルの名前は、「資産分散」と「時間分散」。

「資産分散」のファイルを開く。

　組み合わせると、割合によって標準偏差が下がる例。

　資産Aは期待リターン12%、リスク（標準偏差）18%。資産Bは期待リターン6%、リスク（標準偏差）12%とする。

| 資産Aの割合 | 0.0 | 0.2 | 0.4 | 0.6 | 0.8 | 1.0 |
|---|---|---|---|---|---|---|
| 資産Bの割合 | 1.0 | 0.8 | 0.6 | 0.4 | 0.2 | 0.0 |
| 期待リターン | 6.0 | 7.2 | 8.4 | 9.6 | 10.8 | 12.0 |
| 標準偏差 | 12.0 | 10.3 | 10.2 | 11.8 | 14.6 | 18.0 |

「時間分散」のファイルは…。

## 等金額投資と等口数投資の比較の例

| | 価格変化 | 1カ月目 | 2カ月目 | 3カ月目 | 4カ月目 |
|---|---|---|---|---|---|
| | | 10,000 | 14,000 | 7,000 | 10,000 |
| 《等金額投資》<br>毎月1万円ずつ<br>投資した場合 | 投資合計額（円） | 10,000 | 20,000 | 30,000 | 40,000 |
| | 口数残 | 1.0 | 1.7 | 3.1 | 4.1 |
| | 評価残高<br>（口数×価格）<br>（円） | 10,000 | 24,000 | 22,000 | 41,429 |
| 《等口数投資》<br>毎月1口ずつ<br>投資した場合 | 投資合計額（円） | 10,000 | 24,000 | 31,000 | 41,000 |
| | 口数残 | 1.0 | 2.0 | 3.0 | 4.0 |
| | 評価残高<br>（口数×価格）<br>（円） | 10,000 | 28,000 | 21,000 | 40,000 |

　木下さんからいただいたファイルを眺めてる間に、社員から確定拠出年金の IDとPWの問い合わせがあった。いろいろ話を聞いてみたかったけど、知らない人には聞きづらい。

　対応し終えると社内Webメールが届く。白鳥先輩から。

> AB会社さんのことでお礼してなかったから、ランチごちそうするよ。
> 今日、どう？

　ソッコー返信。

> はい！　大丈夫です！

　お昼の時間になってもやっぱり香坂さんは会議から戻ってない。先にランチに行くことにしよっ。

　行く道でよっちゃんにSNSで連絡した。返信くれるかなぁ？

白鳥先輩が好きなラーメンのお店。行くと白鳥先輩はもう来てる。

「ゴローちゃん、久しぶり」

　私に向かって腕をあげて手を振ってる。腕が長いから目立つ。向かいの席に座る。

「先輩とはビデオで会ってるじゃないですか。久しぶりではないですよ」

「何でも好きなのを注文してよ」

　このお店にくるといつも注文するラーメンがある。

「辛いの好きだよね〜。オレはムリムリ」

「このお店でおいしいのは唐辛子ラーメンだ、って教えてくれたのは先輩ですよ」

「そうだっけ？」

　先輩のチャーハンラーメンが運ばれてきた。

「先輩、お先にどうぞ」

　先輩はお箸を割って、いい音をたてながら麺をすする。そしてちょっと手を止める。

「AB会社さんさ、来週、スケジュールの打ち合わせするよ」

「やっとスタートですね」

「そうなんだよ」

　またラーメンをすする。

「先輩、チャーハン食べないんですか？」

　口をモゴモゴさせて何か言ってる。ラーメンがのびちゃうから先にラーメンを食べるんだってことを言ってるみたい。

　唐辛子ラーメンがきた。先輩は手を止めて言う。はっきり聞きとれる。

「うわっ。辛そう〜昼からよく食べるよねー。オレは昼でも夜でもムリムリ」

　先輩は唐辛子ラーメンがおいしいことを知らないのに、どうして私に教えてくれたのか不思議。

「そっちはどう？　すっかりDC担当だよね、話がさ」

「わからないことばっかりです。さっきも分散のことを教えてもらったんですけど、まだわかってないです」

「分散？　負荷分散のこと？」

「違いますよ。"資産の分散"と"時間の分散"です」

「おっ、専門家っぽいねー」

　先輩はお箸をレンゲに持ちかえる。きゃしゃな体格なのに食べるのは豪快。

「うまいっ」

　唐辛子ラーメンも辛くておいしい。

「あ、先輩ってウチの部長と仲良しなんですか？」

「松田部長？　業界で有名なウチの監視系のシステムって、松田部長が作ったでしょ」

「そうなんですか!?」

「前の会社でも、あれはすんげぇ話題になったんだよ。あの人有名なプログラマーなのに、そういうことを言わないんだな。中途入社の面接で名前聞いてさ、思わずこっちから、あの松田さんですか？　って聞いちゃったよ。異色だよなー。オレが入る前から人事部長だから仕事で関わりなくって。仲良しになりたいよ」

「私が先輩から聞いたことを言うと、それは白鳥か？　って言うんです」

「えー、それはうれしいなぁ。松田部長はオレのことわかってくれてるのかぁ」

　またチャーハンを勢いよく食べてから手を止める。

「ん？　ゴローちゃん、オレのどんな話をしてるの？」

「悪いことじゃないですよ。手止めないで食べてください」

「ま、人事部でもエンジョイできてそうでよかったよ」

「先輩、もしかして心配してくれてるんですか？」

　先輩は、チャーハンを少しだけ残して、そのままレンゲでラーメンのスープをすすりながら顔をあげないでいう。

「あれ？　そう思ってなかったの？」

そうって、人事部でエンジョイのことなのか、先輩が心配してくれてること
なのか、どっちなのかわからなかったけど、唐辛子ラーメンの辛さがきいてき
て、ちょっと聞くのが面倒になってきた。

「まぁどっちでもいいや。それにしても水飲まないねー」

　そう言われて、お箸を置いて一口お水を飲む。ふぅ。少し落ち着く。

「先輩って分散してますか？」

「また突然だなぁ」

「突然じゃないですよ。さっき分散の話を聞いたって言いましたよ」

　2人ともしばらく無言で食べる。辛さでちょっと頭がスッキリする。

「あー、うまかった〜。ゴローちゃん、ゆっくり食べていいよ。で、なんだっ
け？　分散？」

　唐辛子ラーメンを口にいれたままうなずく。

「分散効果って、いろんな分野であるよね。プログラムの世界でもあるし」

　ちょっと首をかしげる。

「資産の分散って言ったっけ？」

　最後の一口を口に入れて、2回うなずく。

「あぁあぁだったら、複数のものに投資すると変動が分散されて安定するとか
っていうやつ？」

　4回くらいうなずいて、お箸を置いてお水を飲む。

「オレ、いろんな業種の何社か株を持ってるって言ったっけ。そうしてるんだ
けどさ、それってそういうことなんだろうな」

　先輩はテーブルの上にあるお水のポットをとって、私のコップに注いでくれた。

「唐辛子ラーメン、うまかった？」

「はいっ。暑くなってきました。先輩、資産の分散をしてるんですか？」

「オレはさ、世の中を変えそうな会社の株を買ってるけどさ、本当にその会社
が世の中を変えられるのかなって、考える時もあるよ。だから、1社だけの株

を持つんじゃなくて、何社かに投資してるんだよ」

「それって、実は"ワクワク"に自信がないってことですか？」

「厳しいこと言うねぇ。"ワクワク"は自信があるとかないとかじゃないっしょ。"ワクワク"なんだから。でもさ、期待感ってことだから、期待外れってことだって時にはあるじゃない」

「期待通りにならないってことですか？」

「まぁあまり言いたくないけどさ、わからないから、ってことかもしれない。でもさ、資産の分散って、要はそういう意味なんじゃないの？」

　　先輩は、資産の分散も直感？

「先輩もう一ついいですか？」

「もう何でも聞いちゃってよ」

「時間の分散ってしてますか？　時間を分けるって」

「それはさ、DCでファンドの積立してることがまさにそうでさ──」

　　あ、そっか。ん？　先輩はDCの商品、"ファンド"？　ファンドって、なんだっけ？

「やっぱりさ、いつが安くて高いかなんてわからないよ。第一、しょっちゅう値動き見るなんてできないだろ。特に海外のことって、日本の会社のことに比べるとわかりにくいからさ。オレに株価教えてくれてた後輩はそういうのが好きでアプリでよく見てたみたいだったけど、オレはあーゆーのムリだな。安くても高くても買い続けていればいいわけで」

　　先輩はコップのお水を飲みほした。

「もちろん、下がりっぱなしは困るけど、世の中みんな、良くなろうとして仕事してるんだからさ、悪くなりっぱなしってことはないんじゃない？　ま、良くなりっぱなしってこともないだろうけど、そこはさ、いろんな会社やいろんな国に分けていれば、どこかいいところもあるだろ。そんなのわからないからさ、だから、投資する先も、それから時間も分けるんだろ。毎月くらいの頻度

で投資し続けるって便利だと思うよ。ってか、投資してることを忘れてるくらいだよ。だから続けられるんだろうな」

　お店を出ると、先輩は、コンビニで買い物していくって言うから、「ごちそうさまでした」ってお礼を言ってお店で別れた。

　ビルに戻る道でスマホを見たら、よっちゃんからSNSが二つ届いてた。ビルを出る前に、よっちゃんにSNSで聞いた。木下さんが言ってた、"金融資産を定期的に一定金額ずつ買うと、安い時にたくさん買えて、高い時には少ない量を買うことになる"って話、よっちゃんはどう思うか。その返事。二つに分かれたメッセージ。

> それって、合理的な行動ができそうだね。例えば、株式みたいな金融資産を持っていて、値上がりすると、もっと得しそうと思う。反対に損になってくるとどう？　怖くなってすぐやめたくなるよね。投資とかって、そういう気にしないといけないところがイヤだよね。毎日お金のことが気になっちゃいそうだし

　もう一つ続けて、

> でも、例えばお店のバーゲンセールだったら今のうちに買おうと思うでしょ。なのに金融資産を持っていて値下がりすると、買おうとするのではなくて、悲観的になって持っていたくなくなるじゃない。これって、いつがバーゲンセールかわからないってことがあるからかな。だから、値下がりしたら自動的にたくさんの量を買う仕組みって、結局のところ、合理的な行動になるんじゃない？　投資における心理学みたいだね。確かそういう研究があるよ

ふぅん。投資って、人の心理との闘いなのかなぁ。立ち止まってよっちゃんに返信する。

> よっちゃん、ありがとう。次のランチは、ラーメン食べに行こうね

# 分散

## 1 時間の分散——積立投資

　投資では、「少しでも安く買って、少しでも高く売る」ことができれば、それだけ利益は大きくなります。つまり、「安い時に買って、高い時に売る」のが理想です。しかし、株式など市場が変動する有価証券は、市場の影響を受けて毎日その値段が変動します。従って、買ってから値下がりしてソンになってしまうことがあります。そのことから、「値下がりするから投資は怖い」という気持ちになります。多くの人が投資を避ける理由の一つに、「元本が保証されていないから」ということがあります。

　また、「少しでも安く買って、少しでも高く売る」ことを求めて行動するあまり、多くの人はこんなことを思います。市場が活況で上昇している局面では「もっと上昇するだろうから上昇する前に投資しよう」、逆に市場が低迷している時は、「もっと下落するのでは？　下がってしまう前に換金しておこう」と思います。そして、その結果として、逆に「上がった時に買って、下がった時に売る」という行動になってしまう傾向があるようです。

　時価の変動を予測できればいちばんいいのですが、「いつ値上がりしたり値下がりしたりするのか」を予測することは、とても難しいことです。値上がりや値下がりのタイミングを見極めることはできないと言ってもいいでしょう。

　では、時価が変動する中で、ソンになる可能性が少なくなるならどうでしょうか？もっと言えば、値下がりすることがあっても、そんなに怖くない「仕組み」があったらどうでしょうか？

　その「仕組み」とは、時間を分けて投資する、すなわち、「積立投資」です。ケース1のグラフを見てください。

　濃い斜め線は、投資する対象の証券の価格の変動を表しています。投資対象の証券が、10,000円という価格からスタートして、1年後に2,000円という価格に値

下がりしました。もし、スタート時に120,000円を投資したなら、1年後は24,000円に減ってしまいます。

【ケース1　値下がりし続けるケース】

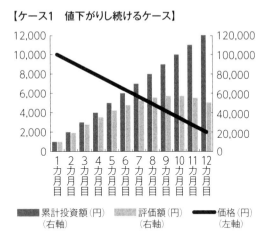

棒グラフは、この証券に毎月10,000円ずつ投資していた場合を表しています。濃い棒グラフは、月々投資した額の累積を表しています。毎月10,000円ず

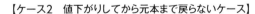

つ増えて、12カ月目は120,000円です。薄い棒グラフは、その評価額です。評価額とは、月々投資したお金の月々の残高です。1年後は約50,000円です。投資している証券が値下がりしているため、投資額の120,000円より少なくなっていますが、スタート時に120,000円投資した場合の24,000円よりは多くなっています。

次にケース2のグラフを見てください。

これは、投資する対象の変動商品が、10,000円という価格からスタートして、6カ月目に2,000円まで値下がりし、その後の6カ月で、スタート時の半分の価格である5,000円まで回復したという変化を

【ケース2　値下がりしてから元本まで戻らないケース】

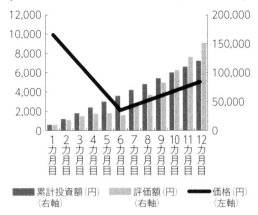

表しています。仮に、スタート時に120,000円を投資したなら、1年後は半分の60,000円ですので、大きなソンをしたことになります。

棒グラフを見てください。棒グラフは、同じ変動商品に、10,000円ずつ毎月投資していた場合の結果を表しています。濃い棒グラフは、月々投資したその累積額です。薄い棒グラフは評価額を表しています。1年後の評価額は約150,000円です。

価格は最初の水準まで回復していませんが、12ヵ月投資した合計120,000円は、150,000円に増えています。

次のケース3は、価格が10,000円からスタートして、6カ月目に2,000円まで値下がりし、その後の6カ月で、スタート時の価格まで回復した場合です。もし、スタート時に120,000円を投資したとしたら、1年後は元本回復して120,000円です。

ところが、毎月10,000円ずつ投資していた場合の、薄い棒グラフを見ると、1年後の評価額は約240,000円になっています。10,000円ずつ12カ月投資した合計120,000円の、約2倍の額になっています。

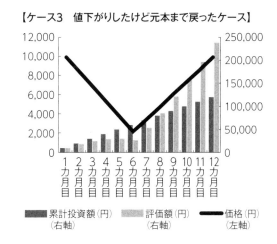

【ケース3　値下がりしたけど元本まで戻ったケース】

累計投資額（円）（右軸）　　評価額（円）（右軸）　　価格（円）（左軸）

どうしてこうなるのでしょうか。それは、価格が低くなればなるほど、多い量（株式の場合は株数といい、投資信託の場合は口数といいます）をたくさん購入することになるからです。それによって、購入する量が増える分、回復の過程で、価格の上昇以上に、利益となるのです。

次のケース4は、10,000
円からスタートして、6カ
月目に18,000円まで値上
がりして、その後の6カ月
で15,000円まで値下がり
しています。

もし、スタート時に
120,000円を投資したと
したら、1年後は180,000
円になります。

【ケース4　値上がりした後で値下がりしたケース】

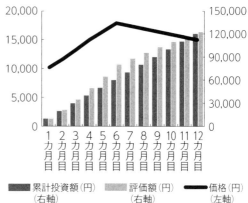

■累計投資額(円)　■評価額(円)　━価格(円)
　　　(右軸)　　　　　(右軸)　　　　(左軸)

10,000円ずつ毎月投資していた場合は、辛うじて元本を上回った程度です。

この場合は、スタート時にまとめて購入していた場合の方が、評価額は高くなり、積み立てしていた場合は、投資元本を少し上回る程度です。購入時から価格が上昇しているので、価格の上昇過程では口数が増えず、大きな利益にはなっていませんが、高い時に多く購入するのを防ぐ効果はあったとはいえるでしょう。

ケース5は、値上がりし
続けるケースです。

10,000円からスタート
して、1年後は2.5倍の
25,000円まで値上がりし
続けています。もし、スタ
ート時に120,000円を投
資したとしたら、1年後は
2.5倍の300,000円にな
りますが、10,000円ずつ
毎月投資していた場合は、

【ケース5　値上がりし続けるケース】

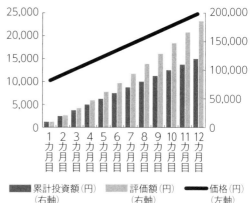

■累計投資額(円)　■評価額(円)　━価格(円)
　　　(右軸)　　　　　(右軸)　　　　(左軸)

185,000円です。上昇し続ける場合は、最初に一度に投資する方が利益が多くなりますが、毎月に分けて投資する場合でも利益は出ます。

　ケース1からケース5を見ていただきましたが、証券に投資する時の問題は、ケース1からケース5のような動きが、事前にわからないことです。変動のあるものに投資する場合、間違いなく常に上昇するのであれば、安い時にまとめて購入した方がもちろんいいですが、いつがその時なのかは、わかりません。タイミングを見極めることはできないと言ってもいいでしょう。

　ただ、多くの方が心配される値下がりがあった場合、ケース1では当初にまとめて購入した場合と比べて、一定額ずつ積み立てていた場合は損失額は小さくなっています。ケース2では、証券の価格は当初の水準まで戻らなくても、毎月投資した場合には利益が出ています。一般的には、一時期にまとめて投資する場合に比べて毎月投資する場合には、投資対象の商品の価格が下落した時に損失額を小さくすることができると考えられます。

　ただ、毎月投資すれば損失額を小さくすることができるとは言っても、ケース1のように投資対象商品の価格がずっと下がり続ければ、損が出ることには変わりはありません。

　そこで、実際の株式市場の変動を見てみます。これは、Ⅲ章でも示した日本を含めた世界の主要な約20カ国全体の株価指数の30年の変動です。値下がりする局

【30年の世界の株式の変動】

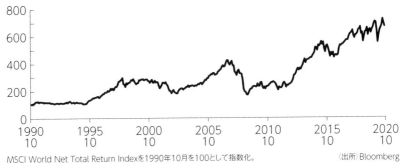

MSCI World Net Total Return Indexを1990年10月を100として指数化。　　(出所)Bloomberg

面がありながら、全体には上昇しています。

　日本の株価指数は長い間下落傾向が続いていましたが、近年かなり回復してきました。このグラフに示された期間に毎月一定金額でずっと投資を続けていれば、株価が下がっていた時に多くの量を購入できたことにより、当初の水準程度にまで戻ったことで結果的には利益を得られていたでしょう。

　投資について語られる時、「時間を味方にする」という表現が使われます。これは、一つには、長く投資して、再投資の効果（預貯金でいう複利効果）を期待する、ということを意味していますが、もう一つ意味があります。それは、金額を分けて投資する回数を増やす、つまり「時間」を分けて購入する価格を分ける「時間分散投資」です。すなわち「積立投資」です。

**【30年間の日本株式の変動】**

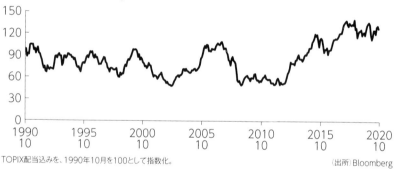

TOPIX配当込みを、1990年10月を100として指数化。　　　　　　　　（出所）Bloomberg

　高い時は少ない数量を、低い時は多い数量を自動的に購入することで、まとめて購入した場合との違いが出てきます。一時的に下がることはあっても、長期的には上昇していくと予想される変動商品に投資するには、とてもふさわしい方法と言えます。


## 2 ｜ 資産の分散

　価格が変動する金融商品をいくつも持つと、より市場の変動にさらされると感じ

られるかもしれませんが、数学的には、組み合わせると、割合によって変動幅は抑えられるという結果になります。

　図は、世界の株式と債券、日本の株式と債券の過去30年の値動きです。濃い線は、それぞれを均等に組み合わせた場合の値動きを示しています。線の動きがなめらかになっているのは、変動が抑えられていたことを表します。

**【世界の株式と債券を組み合わせると…】**

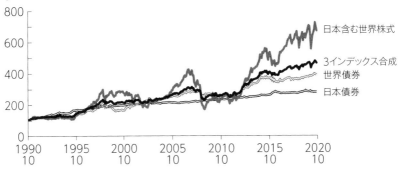

日本債券はFTSE日本国債インデックス、世界債券はFTSE世界国債インデックス、日本を含む世界株式はMSCI World Net Total Return Index。それぞれ、1990年10月を100として指数化。　　　（出所）Bloomberg

　次に、リスクとリターンの座標軸で見ると、三つを組み合わせた場合はリスクが低減していることがわかります。

　組み合わせることを、資産の分散といい、変動、すなわち、リスクを抑える効果があります。

　ここで挙げた指数は、多くの企業や国を含んでいます。どの業種や国の株価がいつどのように値上がりして値下がりするのか、事前に予測することは難しいことです。投資するタイミングが良ければ大きな利益が上げられるかもしれませんが、大きな損失を被る可能性もあります。多くの国や業種に幅広く投資する方が、大きな損失を被る可能性は小さくなります。

第5章

分散

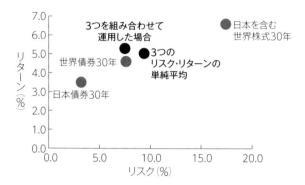

## 3 | 分散が大切

　述べてきましたように、「分ける」ことはとても大切です。投資においては、購入する価格や購入する資産を、一つに集中するのではなく、分散することが大切です。それには二つの実践方法があります。

　一つ目は、1で述べたように、積立投資によって、市場で値段が変化するなかで少額ずつ買い続けることで複数の値段に分けることです。

　二つ目は、2で述べた資産の分散によって、同じ経済環境、投資環境下でも、価格の変動が異なる複数の資産に分けることです。

　大切なことは、一にも二にも「分散」です。

ゴローちゃん
DC
担当になる

第 6 章

投資信託

異動してきた女子社員は3年目。確かにウチの課に1人欲しいとは言い続けてきたけれど、営業部の稲垣さんとは━━━。

　私は、ITが社会を変えるという父の言葉を聞いて、子どもの頃からパソコンに触れてきた。父が勤めている大手の通信会社より、新興のIT企業を望んでこの会社に入社した。期待通り、入社した時よりウチの会社は大きく伸びた。そのきっかけをつくったのは、監視系のシステム。それは、今の人事部長である松田さんが中心になって開発した。新人の私もその開発チームにいた。まだ小さかった開発チームは、全員が、私の指導者だった。チームの一員になりたくて、懸命にプログラムの勉強をした。

　松田さんの人事部長への異動という出来事があってから、開発チームは、喪失感を埋めるようにみんなで努力した。その中で私も、創造的なプログラマーになるというぼんやりとした将来の理想を持ちつつあった。そんな時に人事部への異動。人事部って、字のごとく、社員のことをヒトゴトに考える部なのかと恨みもしたわ。世の中、私の思う通りになどならないとすねていた。

　部長が松田さんだから、ずいぶんそんな不満を口にしたわ。異動直後の私の気持ちを、この会社の中でいちばん理解してくれるのは松田さんなのに、という思いと、この異動が松田部長の意図なら、なぜなのか聞きたいという思いをぶつけていた。私も若かったわ。その都度松田さんは、私のグチを黙って聞いていた。そして松田さんが言うことは、「ウチのような会社こそ、年金制度を整備することが重要なんだ」だけだった。

　人事部の仕事は、法律に慣れていないとキツい。特に年金制度は、門外漢には言葉が難しくてツラい。中でも確定拠出年金の制度は、改善のためではあるけれど変化が多くて、解説文を読むのもつらい。そもそも年金制度は複雑で、細かい所まで理解することは難しい。でも、DCの制度自体が、世の中の変化

に対応しようと、もがいているようにも見え、社員のために仕事する人事部の役割として、私なりに悪戦苦闘してきた。そんな中で、部長が言っていた意味が少しずつわかるようになってきた。

　それでウチの課も強化したいと言ったのに、異動してきたのは彼女。直接話したことはなかったけど、おっとりした雰囲気でウチの会社には珍しいタイプ。営業部では溶け込めていても、人事部には不釣り合いなイメージで松田部長に意味を聞いたわ。すると部長はこう言った。「香坂は畑違いの分野のことを、短時間でよくここまで勉強した。あとは、制度を使う人の素直な感覚だな。まあ頼むな」。

　異動してきた稲垣さんのことを、私はゴローちゃんと呼ぶ。あるまじきことに、人事部長の松田部長が社員にニックネームで呼び、それに私もつられてしまっている。

　ゴローちゃんは、異動に対してあきらかに戸惑いを持っていた。この会社にいて人事部への異動を素直に受け止めることが難しいのは、私にもよくわかる。だけど、話してみると、人事部の説明会のことを少しも覚えていなくて、悪気もないところにはずいぶんイライラしたわ。年金の事など何も知らないのは予想通り。「遠い将来のために、まだ少ない給料から少しずつ準備しよう」という話は少しもピンとこない様子だった。振り返ってみれば確かに私も、以前に思っていた近い将来が"今"になったり、遠い将来がぼんやりと見えてきたりしたからこそ、資産形成の重要さがわかってきた。いちばんの武器である時間を、失いつつあることに気づいたのも、この仕事に就いたからこそ。だけど、「ウチの会社に必要な制度」という考え方を理解してくれそうな期待は持てなかった。

　お金の話というのは、イメージがつかみにくいし他の人に相談しづらいものなのに、ゴローちゃんは、同期や営業部の先輩とどんどん話している様子。社内Webでテレビ通話をして、私に気づかれないように慌ててイヤホンをしま

っていることも知っている。

通話の相手は、松田さんの人事部長異動後に採用された人たち。論理より自分の直観を大事にするような人や、学生時代は物理学を専攻していた若手。ウチの会社の社員カラーはあきらかに多色になった。そんな人たちとの会話の中から、彼女にとっての新しい知識を得ている。身近な人の話を聞きながら、確定拠出年金の制度を少しずつ理解しようとしている。

彼女は、DCを活用した将来の資産づくりを捉えようとして疑問に思うことを、まず誰かに聞く。そして、自分ならばどうすれば良いか、と考える。それは私にはできなかった学習方法。私がしてきた方法ではなく、DC制度が投げかけることを、自分のこととして受け止める素直さが、吸収のスピードの速さにつながっているようだった。本当は、いちばん大事なのは理論のように一般化できない自分なりの感覚を持つことなのかもしれない、と彼女を見ていて思う。

NM銀行の木下さんにまで電話で説明してもらったと聞いた時は、遠慮のなさに少しあきれもしたわ。松田部長が、理論的な木下さんの話と白鳥さんの直感的な行動は根本的には同じだと解説し、それをまとめるように指示し、ゴローちゃんは、今、あくせくとまとめている。いつになったらドラフトができるか、ここはギリギリまで気長に待って、とにかく自分で作ってもらうことにする。

今、隣の席を見ると、手書きのメモや、私が送ったグラフをプリントアウトしてキーボードの周りに置き、パソコンに向かって悩んでる様子。まるでおなかでも痛いような表情。パラパラめくっているのはDC加入者向けのパンフレット。商品一覧のページで手を止めている。

そうだわ。次の水曜日までに投資信託について説明しておかなければいけないんだったわ。

「ゴローちゃん」

「あっ、あっ、はい」

　そんなに驚かなくてもいいのに。私からのドラフトの催促かと思ってドキドキしているのね。

「投資信託のことは何か読んだ?」

「はい…えーっと、ネットで検索したら、こんなふうに書いてありました」

　画面を操作する。

---

　投資家から集めたお金を一つの大きな資金としてまとめ、運用の専門家が株式や債券などに投資・運用する商品で、その運用成果が投資家それぞれの投資額に応じて分配される仕組みの金融商品」

「集めた資金をどのような対象に投資するかは、投資信託ごとの運用方針に基づき専門家が行う」

---

　ゴローちゃんは、サイトの文章を読み上げ終わると、キーボードから手を離して、体をこちらに向け、手を膝の上に置く。

「石谷さんは、この運用の専門家ですか?」

　解説されている"専門家"を、具体的に身近な人でイメージするのがゴローちゃんの学び方なのね。

「石谷さんがいらっしゃるYZアセットさんは、投資信託を組成して運用する会社よ。ファンドマネジャーという運用する人がいる部署や、運用するための経済や企業の調査をする部署、投資する人に提供する文書を作る部署、いろいろな部署があるんでしょうね。石谷さんは、確定拠出年金に関わる部署にいらっしゃるのよ」

　手を膝の上に置いたまま聞く。

「経済の予想や企業の予想は、調査をする部署で計算するんですか?」

疑問に思ったことは、誰にでもどんどん質問する。私にはできないこと。

「そうでしょうね。その調査をもとに、ファンドマネジャーが判断するそうよ。ゴローちゃんが見てたさっきの説明に、『どのような対象に投資するかは、投資信託ごとの運用方針に基づき専門家が行う』って書いてあったでしょ。どのような対象に、っていうのは、例えば、株式や債券ね。あるいはその両方。両方の時は、その配分が固定されたものだったり変更されていくものだったり、運用のスタイルは一様ではないようよ。国も、日本の資産に投資するのか、外国の資産に投資するのか、その両方とか」

　ゴローちゃんは、キーボードの横の開いたままのパンフレットを取って、ラインアップの一行を指す。

「この投資信託もそうなんですか？」

「そうね、日本も含めていろいろな国の株式に投資しているファンド」

　別の行を指す。

「これは？」

「これは日本の株式と債券、両方に投資するの。次のページに詳しい説明があるから読みなさいね」

「はい」

　はい、と言いながら、ページをめくらずに続けて聞く。軽くイラッとする。もう日常のこと。

「『投資信託ごとの運用方針』ってどんなことですか？」

　何でも聞く。自分が疑問に思うことをはっきりさせたいのはいいことだけど。

「投資信託ごとの運用方針っていうのは、例えば、市場全体の動きと同じようなパフォーマンスを目指すとか、個別の企業に着目して高いリターンが見込めそうな企業に積極的に投資するっていう方針ね」

　わかったようなわからないような顔をして、パンフレットをじっと見ている。

「あのぉ、ウチのラインアップのこの商品はどうやって選んだんですか？　香

坂さんが選んだんですか？　部長が選んだんですか？」

　次々と質問が続く。

「商品の選び方にはいろいろな考え方があるわ。DCを導入する時にウチの社員のことを調べてみたら、投資信託に詳しい人が少なかったから、なるべくわかりやすいことを第一条件にして、次に、運用にかかる費用が期待リターンに見合っているかどうかとか、それが同じような種類の商品と比べてどうなのかとかを考えたわ」

　聞こえないくらいの声で「ふぅん」と言ってるみたい。

「選ぶ時は、運営管理機関の意見も、運用会社の提案も聞いて、いろんなことを考慮して、最終的に決めたのは松田部長だったわ。もちろん、社内の会議にかけてね。私も少し意見を言ったわ」

　今度は聞こえる声で、「そうなんですか」と言う。そしてまた次の質問。

「投資信託って、確定拠出年金のためにできた金融商品なんですか？」

　へぇ、そんなふうに思うのね。

「違うわ。投資信託の誕生にはいろいろな説があるらしいけど、日本でいうと、江戸時代から明治時代に移り変わる時代にできたんですって。イギリスが発祥らしいわ。」

　私が投資信託に関する本を読んで得た知識。

「外国の制度なんですか？」

「日本の投資信託は日本の法律に基づいているわ。投資信託法よ。昭和26年に制定されているの。日本の今の投資信託はそのあとに作られているわ」

　これも本から得た知識。

「どうしてこういう制度がつくられたんですか？」

　なるほど。ゴローちゃんの疑問は、いつも、細かい知識よりいちばん重要なことにストレートに向かっている。

「投資信託の仕組みの原点は、共同投資スキーム。つまり、みんなで一緒に投

資することなんですって。基本的には、多くの人から資金を集めて一つのかたまりの大きな資産にして、世界中の市場を対象に投資して、その結果を、お金を出した人に返すという仕組み」

　私は知識を積み重ねることで物事の本質に徐々に迫るタイプ。誰にも言えないけど、少し、ゴローちゃんがうらやましく思える。

「投資信託が発祥したといわれてる1800年代後半は、イギリスでは、産業革命が一段落した後だったのよ。イギリスから見た海外は、ヨーロッパの国々は戦争から復興しているところで、アメリカは鉄道建設とか生活基盤の構築が盛んで、そうしたことのためのお金を必要としていたの。だから、イギリスの人にとっては、国内に投資するよりも海外に投資する方が高い収益を獲得することができたわけよ」

　どうしても知識を中心にした答え方になってしまう。

「昔のことはわかりませんけど、今みたいにパソコンがない中で、海外に投資するって大変そうですね」

「そうね。大投資家といわれる資産家も中小の投資家も積極的に海外投資を行ったけど、中小の投資家は失敗して損失を被ってしまうことが多くて、大投資家よりも損失額が大きかったそうよ」

「どうして大投資家は成功したんですか？　中小の投資家は失敗したのに。どうしてですか？　何が違ったんですか？」

　ゴローちゃんの疑問、どうしてこういう制度がつくられたのか、に対する答えになかなかたどり着かない。

「それは、大投資家は投資先の調査も研究も行えたから、例えば倒産による損失などを防止することができたり、多額のお金があったからいろいろな投資先に分けて投資することができたりしたんでしょうね。その結果、一つ二つの倒産があっても全体に及ぼす影響が大きくなくて済んだんですって」

　ふぅん、それが資産の分散かぁ、と小さくうなずいてる。

「そこから中小の投資家が学んだことは、大投資家のように損失を小さくしながら投資をするためには、共同してみんなで出資して大きな資産にしてそれを専門家に運用してもらうのがいい、ということだった。それで誕生したのが投資信託なんですって」

　ようやく答えにたどりついたわ。

「つまりね、調査をする術や時間を持たない人々が、小口の資金でいかに資産を安定的に増やしていくか、という発想から始まった制度のようよ。小口投資家の知恵、あるいは時代の知恵ともいうか、自然に生まれた投資の手段」

　ゴローちゃんは、少し理解したような顔をしている。

「困ると知恵が浮かぶんですね」

「まぁそうなのかしら。小口で投資できるとか、分散投資ができているとか、専門家に運用を託すことができるってことは、いずれも共同投資、みんなで投資するから成り立つこと。合理的よね」

　そうは言ったものの、こういう合理性は、目で見たり手で触れたりできるものではないから、認識の限界があるというか、合理性を体得するのは難しい。説明がないと理解できないという性格を持っている。私自身、本当に理解していると言えるのだろうか。不安が頭をよぎる。


　YZアセットの石谷さんとNM銀行の木下さんがいらして応接室にご案内する。ゴローちゃんが松田部長を呼びに行っている間、少し雑談をする。

「いやぁ、前回の打ち合わせで稲垣さんに言われたことには、私もハッとさせられました。社内でも、今までのリスクについての説明で、どこまで理解していただいているのかと議論しました。もう一度検討すべきではないかという話をしています。ありがとうございました」

　運用会社の中の専門家の方たちも、どうしたら多くの人に伝わりやすいか、常に考えているのかしら。

「困らせてしまったのではないかと思っていました。そんなふうにおっしゃっていただけるとホッとします」

　そうそう、木下さんにもお礼を言わなければ。

「木下さんにはいろいろ教えていただいてありがとうございます」

「いいえいいえ。石谷さんと同じで、当行も運営管理機関として、専門用語に頼らないわかりやすいご説明をすることが大事なのだと気づかされました。ありがとうございました。つい多用してしまいますから」


　部長が応接室に入ってくる。

「どうもお待たせしました。松田です」

　2人は同時に立ち上がってお辞儀する。つられるのか、ゴローちゃんまで部長に向かってお辞儀する。

「どうぞどうぞ」と部長が腰かけることを促す。

　部長の向かいに石谷さん。私の向かいに木下さん。ゴローちゃんは私と木下さんの間の、お誕生日席にあたる席。

　部長が座るのを待ってみんなで腰かける。石谷さんが座ったままで改めて丁寧に頭を下げながらおっしゃる。

「このたびは、弊社の商品をラインアップに加えてくださり、ありがとうございます」

「こちらこそ、日頃は大変お世話になっています。香坂や稲垣に任せっぱなしで、さぞかし応対にご苦労かけているでしょう。いつもありがとうございます」

　ゴローちゃんは笑ってる。わかってない。

「投資信託はどうですか？　世の中の関心は高まってきているように思いますがいかがですか？」

「おかげさまで少しずつ認知されてきています。しかし、全体的にはまだまだですから、われわれは投資信託が長期の資産形成にふさわしいと伝えていきた

いと考えております」

「そうですか。ウチの社員も、それぞれで行動している者もいますが、年金制度や将来の資産形成について実感がわかない者がまだ多いようです。理解して行動してもらうには努力が必要だと思っていますよ」

　まさにそうだわ。ゴローちゃんが異動してきてから、改めてそれを感じた。

「そうですか。部長はそのための方策を何かお考えですか？」

「今後は定期的に社員にアンケート調査をして、年金や資産形成に対する意識を把握するようにしようと思っています」

　えっ？　初めて聞くわ。これまで、社内のいろんな場で年金や資産形成のことを説明してきたつもりだったけど、それがどれだけ伝わっていたのかを確認したことはなかったわ。ん…調査は私の仕事になるのかしら？　意識を把握するアンケートって作ったことがないわ。

「今回ラインアップに加えていただきました、この"DC資産設計ファンド"は、確定拠出年金の主力になると注目されています。御社の社員の皆さまの将来の資産形成に、お役立ていただけるものと思います」

「確定拠出年金の制度には、投資信託の商品性が合いますね」

　石谷さんは大きくうなずきながら説明を続ける。

「アメリカでは、確定拠出年金制度の取り組みが早くて、歴史的には2008年から残高が急増しています。確定拠出年金の利用は投資信託が中心です」

　ゴローちゃんは不思議そうな顔をしている。きっと「どうして突然アメリカの話が出てくるのか。ワシントンDCと関係あるのか」というように思っているでしょうね。

　思ったことを表情に出さないようにすることは、どうやって指導したらいいものか。

「アメリカでは、安心して老後を迎えるために資産運用する考え方が根付いていると思います。投資信託を利用する理由は、実に9割以上の方が、老後資産

形成のためと答えています」

「日本もその意識が必要だと思いますよ。根付くのには時間がかかりそうですが」

「松田部長のおっしゃる通りと思います。私は、この確定拠出年金をより良い制度にするために、いろいろな機関に出向いて働きかけをしています。一つの変更が長期にわたる資産運用に大きな影響を与えますから」

「どのような変更が必要だとお考えですか」

「はい。先日香坂さんにもお話ししましたが、一つは、拠出する金額を上げることです。徐々に引き上げられていますが、個人的には、確定給付年金より確定拠出年金が多い方がいいのではないかと思っています」

「最低限を保障する公的年金以外の資産形成は、会社まかせにせず、一人ひとりが自ら中心になって行うべきだというお考えですね」

「はい。それに年金制度は、どうしても変更のなかで複雑になってしまっていることも課題ではないかと思います」

「今後の国民の年金資産の拡大には、確定拠出年金が重要ですね。制度の認知と有効性や利便性の向上を図ることは重要なことだと思います」

「はい。また、別の観点ですが、アメリカの今の確定拠出年金制度の議論には、預金性の商品では国民の資産は増えない、という労働省の見解もあったようです」

「ほぉ。それは興味深い」

「加入者が運用指図をしない場合には、今回採用いただきましたような投資信託を選択する制度になっています。その後で、変更することができるような仕組みです」

「オプトアウトからオプトインですか」

「はい。行動経済学的な観点から考えられたわけですが、強制的な制度は人の自由選択を阻むという見方もあって賛否両論です」

「確かに、会社側があらかじめファンドを決めておくことには、加入者側に抵抗感があるでしょうね。それぞれで考えを持っていますしね。しかし、こうした形で運用するといいよという提案とか推薦という意味では、一つの方法かもしれませんね」

　ウチの会社のみんなはどうかしら？　考えの違いということを思うと、いろんな人の顔が浮かぶ。そういう点でもみんなの意識を把握しておくことは大事なのかしら。

「石谷さん、当社にはいろんな社員がいます。プロパーの社員も、転職してきた社員も、これから転職していく社員もいるかもしれない。同じ年代でも、一様な暮らしをしているわけではない。おカネについての考え方もそれぞれ違う。親の財産を当てにして考えない人もいる」

　相続。これまで説明に入れたことはなかったわ。確かにその観点はあるわね。ゴローちゃんを見ると、彼女もうなずいている。

「おカネに無頓着なヤツもいます。給料を残さないヤツもいる。知識旺盛なヤツもいますが、社会人になってからは、企業の中で知らせていくことが重要だと思っています」

　こうして話していると、松田部長にプログラマーの片りんが見えない。ずっと以前から人事マンのよう。

「退職まで時間のある社員も退職が近い社員もいます。資産形成を考えた時、それにかけられる期間や目標とする金額も決して一様ではありません。そうすると、伝えるべきことも実に多様になります」

　そう、私がいちばん難しいと思っていること。

「なかなか、われわれだけではどうしても限界があって、その答えを導き出すことはできないんです。ですから、いろいろ力になっていただきたい。香坂や稲垣を助けてやっていただきたい。どうかよろしくお願いします」

　部長がテーブルに手をついて頭を下げるから、石谷さんも木下さんも恐縮し

た様子で頭を下げる。

　部長が同席すると言ったのはこれが目的だったのかしら。


　お2人をお見送りして席に戻って、ゴローちゃんと2人で、ラインアップ一
覧の改訂作業の進捗確認や、社員への通知について打ち合わせをする。
「じゃあこれで、関係者に連絡しましょ」
　社外は私が、社内の連絡はゴローちゃんが担当することにして、それぞれの
デスクに戻った。


　ゴローちゃんが、「あのぉ、木下さんと白鳥先輩のお話、『社内報』の原稿に
まとめてみました…」と紙を差し出す。仕上げたのね。ざっと目を通すと、論
理が通っていない所や説明不足の所もある。でも、面白いし、言葉遣いがわか
りやすい。私には書けない文章かもしれない。

　そのあと、ゴローちゃんのDC商品の見直しを相談された。そして、アンケ
ートで聞きたいことをいくつも提案してくれた。なんだか楽しそうに。分析が
難しそうなんだけど…。

　ま、この課の仕事は2人でしていくしか選択肢がないのだから、助け合いな
がら、がんばっていきましょ。

# 投 資 信 託

## 1 投資信託とは

　投資信託の仕組みの原点は、「共同投資」つまり「みんなで一緒に投資する」ことです。基本的には、多くの人から資金を集めて大きな資金のかたまりにして（①）、運用の専門家が世界中の市場を対象に投資して（②）、その運用成果が（③）、投資者に還元される　（④）、という仕組みの制度による金融商品です。「みんなで一緒に投資すること」によって、合理性が実現されています。

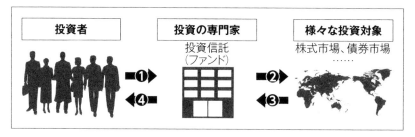

## 2 投資信託の起源

　投資信託の起源には諸説ありますが、一般には、1800年代後半にイギリスで誕生したといわれています。日本が江戸時代から明治時代に移り変わる時です。

　1820年代から60年代にかけて、イギリスでは産業革命が既に成し遂げられていた一方、イギリスから見た海外は、ヨーロッパ諸国の他、アメリカ合衆国においても、鉄道、運河、道路といった社会インフラの整備のための資金を必要としていました。特に、1830年頃の「鉱山ブーム」や、1845年来の「大鉄道熱」が記録として残っています。

　ですから、イギリスの投資家にとっては、国内に投資するよりも、海外に投資する方が高い収益を得ることができ、大投資家といわれる資産家も中小の投資家も積

極的に海外投資を行ったわけです。ところが、中小の投資家は失敗して損失を被ってしまうことが多く、大投資家よりも損失額が大きかったのです。

　イギリスから海外へ投資し、多額の損失を被った人々、中には資産をなくした人々もいたと思われますが、どのように省みて解決策を得たのでしょうか。大きく次の二つにまとめることができます。

　一つは、「分ける」ことです。

　大投資家は、投資先を分けていました。分けることができたのです。それは、投資する資産が大きいからです。大きな資産で複数の投資先に投資すれば、例えその中に、倒産などによって価値のなくなる証券があったとしても、痛手としては一部で、投資した資産の全体に及ぼす影響が大きくなくすみました。

　もう一つは、「調査や研究」です。大投資家は、投資先の調査や研究を行っていました。それによって、倒産で価格が下落する影響を避けることができました。

　そこから中小の投資家が学んだことは、大投資家のように、損失を小さくしながら投資をするためには、共同してみんなで出資して大きな資産にしてそれを専門家に運用してもらうのがよい、ということでした。そうして誕生したのが投資信託です。

　調査する術や、そのための時間を持たない人々が、少ないお金でいかに資産を安定的に増やしていくか、という発想から生まれたものです。「お金がない」→みんなで大きな資金のかたまりにする、「損失が怖い」→投資先を分ける、「わからない」→専門家に運用してもらう、という解決をして、「みんなで投資して専門家に託す」という仕組みが生まれました。


## 3 投資信託の種類

　投資信託には、実にさまざまなタイプがあります。一つひとつの投資信託を「ファンド」と呼び、ファンドには「○○型」と呼ぶ「型」がいくつかあります。その中のいくつかをご紹介します。

## （1）運用スタイルの違いによる型〜「インデックス型」「アクティブ型」

### ①「インデックス型」

　インデックスとは、いろいろな金融市場の全体の動きを表す「指数」のことを指します。よく知られているところでは、日本の株式市場全体を表す「日経225」とか「東証株価指数（TOPIX）」があります。債券市場の動きを表す指数もありますし、複数の国の市場の全体の動きを表す指数もあります。そうした各種の指数（インデックス）に連動する成果を目指すファンドのことを「インデックス型」と呼びます。連動とは、値動きの幅が同じであることを意味します。指数に連動するということは、ファンドの価額が、指数と同様に変動するということです。

### ②「アクティブ型」

「インデックス型」に対して、各指数の成果を上回る運用成果を目指す「アクティブ型」と呼ばれるスタイルがあります。運用担当者（ファンドマネジャーと呼びます）の、調査や分析能力をいかして、積極的、能動的に運用するタイプです。

### ③「インデックス型」と「アクティブ型」の違い

　投資成果すなわちリターンは、アクティブ型が目指しているように、インデックスを上回る運用成果が得られる方が良いに決まっていますが、一方で、アクティブ型は、ファンドにもよりますが、インデックス型に比べてファンドの価額の変動が大きくなる、つまり、リスクが大きくなる可能性が高くなります。

## （2）投資対象の違いによる型──「株式型」「債券型」「バランス型」

　何に投資して運用するのか、投資する資産がどの地域のどのような資産であるのか。日本の株式なのか、海外の株式なのか、また債券なのか、あるいはその両方なのかによる「型」の違いがあります。

### ①「株式型」

株式に投資するタイプです。さらに、国内の株式なのか、海外の株式なのかによって、「国内株式型」とか「海外株式型」があります。日本を含めた世界の株式に投資するタイプもあります。

### ②「債券型」

債券に投資するタイプです。これも、国内の債券なのか、海外の債券なのかによって、「国内債券型」とか「海外債券型」があります。日本を含めた世界の債券に投資するタイプもあります。

### ③「バランス型」

株式にも債券にもバランスよく投資するタイプです。これも、日本だけの株式や債券などに投資するタイプと、海外の株式や債券などに投資するタイプがあります。さらに、株式や債券に投資する割合が、固定されているタイプの他、変化するタイプがあります。変化するタイプの中には、一定の割合の中で変化するものの他、投資する人の年齢に応じて自動的に変化するタイプ（ターゲットイヤーファンド、ターゲットデートファンドなどと呼ばれます）もあります。

### ④「株式型」「債券型」「バランス型」の違い

どのようなものに投資するのかによって、価格の変動の幅、すなわちリスクが異なります。また、どのようなことによって価値が変動するのか、価値の変動に直接影響を与えること、すなわち直接的なリスク要因が異なります。例えば、株式市場の変動なのか、金利動向なのかの違いがありますし、海外の資産に投資する場合は、為替レートによって日本円に換算した場合の金額が変化します。現実にはそれらは複雑に関係し合いますが、直接的な要因となることが異なります。

## 4 ファンドを見分ける四つの観点

　いくつものファンドを見分けるときに、四つの観点で見分けることもできます。

　どのファンドも、何を目指して運用するのか、運用の「目的」を持っています。その目的のために、何を対象に運用しているのか、すなわち、「投資対象資産」が決まっています。そして、どのようにするのか、運用の「スタイル」があり、それらによって運用にかかる「費用」が異なります。


　一つ目は「ファンドの目的」です。

　ファンドのゴールです。例えば、「積極的にファンドの成長を目指す」「安定的に長い時間をかけてじっくり投資成果を目指す」といった目的や目標があります。「積極的」と「安定的」では、目指すリターンとリスクの程度が異なります。何を目指して運用するファンドなのかということは、投資する人が何を目指して自分のお金を運用したいのかということに直接的に関係することであり、ファンドを選択する上で最も重要な観点といえます。

　二つ目は「投資対象資産」です。

　その目標を達成するために、何に投資して運用するのか、投資する資産がどの地域のどのような資産であるのか。日本の株式なのか、海外の株式なのか、また債券なのか、あるいはその両方なのかなど、どのようなものに投資するのか。それによって、価格の変動の幅、すなわちリスクが異なります。上に述べたように投資対象の違いによって、大きく「株式型」、「債券型」、「バランス型」に分類できます。

　三つ目は、運用の「スタイル」です。

　対象とする証券に、どのように運用しているのか、複数のタイプがあります。例えば、上に述べた「インデックス型」、「アクティブ型」の違いがその代表です。

　四つ目が、「費用」です。

　ファンドの運用には費用がかかります。投資者にとっての手取り収益（リターン）は、費用を払った結果です。主なものは、運用管理費用（信託報酬）と記載されてい

る費用です（一般には販売する金融機関に支払う手数料（購入手数料と呼ばれています）がかかりますが、確定拠出年金での投資にはかかりません）。

　インデックス型とアクティブ方を比べると、アクティブ型は、運用担当者の人手をかけて調査や分析を行うことなどからインデックス型より運用に係る費用（運用管理費用）が高くなります。確定拠出年金向けに運用されているファンドの平均は0.64％ですが、インデックス型ファンドの全体の平均は、0.43％、アクティブ型は1.16％というようにファンドによって異なります（2020年10月現在）。

参考文献

・江口行雄『投資信託発展史論』(ダイヤモンド社、1961)
・山岡道男、浅野忠克『アメリカの高校生が読んでいる資産運用の教科書』(アスペクト、2008.10 第2刷)
・田村正之『世界金融危機でわかった! しぶとい分散投資術』(日本経済新聞出版、2009.2)
・山岡道男、浅野忠克『アメリカの高校生が読んでいる投資の教科書』(アスペクト、2010.1)
・バートン・マルキール、チャールズ・エリス、訳 鹿毛雄二、鹿毛房子『投資の大原則』(日本経済新聞出版、2010.11)
・神戸孝『勝つ投資信託 良いファンドと悪いファンドの見分け方』(朝日新聞出版、2011.3)
・株式会社ニッセイ基礎研究所[編著]『日本の年金制度 そこが知りたい39のポイント』(金融財政事情研究会、2012.10)
・神戸孝『NISAで儲けろ! 目的別投資法と金融機関の選び方』(朝日新聞出版、2014.1)
・マーク・ブキャナン、訳 熊谷玲美『市場は物理法則で動く』(白揚社、2015.8)
・大湾秀雄『日本の人事を科学する 因果推論に基づくデータ活用』(日本経済新聞出版、2018.4 第5刷)
・モシェ・ミレブスキー、訳 鳥海智絵、野村證券ゴールベース研究会
　『人生100年時代の資産管理術 リタイア後のリスクに備える』(日本経済新聞出版、2018.7)
・田邉昌徳『令和金融論講座〜ビットコインからマイナス金利まで〜』(武蔵野大学出版会、2019.6)
・加藤航介『驚くほどシンプルで一生使える 投資の極意』(2020.7)

・青山直子『ゴローちゃんの投信コールセンター日記 郵便局の投資信託販売2』(経済法令研究会、2009.12)
・青山直子『女子にあまったお金はない なっちゃん、涙の配属日記』(きんざい、2013.2)
・青山直子『顧客目線で考える 投信販売コンサルティングのきほん』(経済法令研究会、2014.3)
・青山直子『白鳥准教授の投資信託研究入門
　── 仕組みから開示資料・法体系・投資理論まで投信の基礎・基本のすべてがわかる──』(日本加除出版、2016.9)

青山直子（あおやま なおこ）

（一社）投資信託協会広報部調査広報室長兼企画政策部マネージャー。野村證券、公認会計士事務所を経て、1998年より野村アセット・マネジメント投信。2001年4月（株）野村アセット投信研究所、野村アセットマネジメント（株）を経て、2009年10月から2016年8月まで（株）ゆうちょ銀行勤務。2016年10月より（一社）投資信託協会勤務。

## ゴローちゃんDC担当になる
#### 確定拠出年金で時間を味方につける資産形成

2021年4月9日　第1刷発行

| | | |
|---|---|---|
| 著　　者 | 青山直子 | |
| イラスト | 石川ともこ | |
| 発 行 者 | 加藤一浩 | |
| 印 刷 所 | シナノ印刷株式会社 | |
| デザイン | 藤井康正 ［Fujii Graphics］ | |
| 発 行 所 | 株式会社きんざい | |

〒160-8520 東京都新宿区南元町19
編 集 部 tel 03（3355）1770　fax 03（3357）7416
販売受付 tel 03（3358）2891　fax 03（3358）0037
https://www.kinzai.jp/

ISBN978-4-322-13954-9